हॉकी के जादूगर
मेजर ध्यानचन्द

कहानी अपनों की जुबानी

श्रीमती डॉ. मीना उमेश ध्यानचन्द

यूनीकॉर्न बुक्स

प्रकाशक
यूनीकॉर्न बुक्स

F-2/16, अंसारी रोड, दरियागंज, नई दिल्ली-110002
☎ 23275434, 23262683, 23250704 • Fax: 011-23257790
ई-मेल: info@unicornbooks.in • वेबसाइट: www.unicornbooks.in

शाखा : मुम्बई
23-25, जाओबा वाड़ी, ठाकुरद्वार, मुम्बई-401002
☎ 022-22010941, 022-22053387
ई-मेल: rapidex@bom5.vsnl.net.in

शोरूम
➤ **पी.एम. पब्लिकेशन्स,** दिल्ली
- 10-बी, नेताजी सुभाष मार्ग, दरियागंज, नई दिल्ली-110002
- 6686, खारी बावली, दिल्ली-110006

ISBN: 978-81-7806-153-5
हॉकी के जादूगर मेजर ध्यानचन्द

संस्करण : 2013

मुद्रकः परम ऑफसेटर्स, ओखला, नई दिल्ली-110020

समर्पण

माँ जगदम्बा को शत्-शत् नमन
जिनकी प्रेरणा व शक्ति से
यह कृति प्रकाश में आयी।

– डॉ. मीना उमेश ध्यानचन्द

दो शब्द

आज हम अपनी प्राचीन समृद्ध संस्कृति, गौरव तथा परम्पराओं को भूलते जा रहे हैं। हमारे भारत के विलक्षण महापुरुषों ने भारत का नाम विश्व में रोशन करने हेतु, त्याग एवं तपस्या करके अपना सम्पूर्ण जीवन समर्पित कर दिया।

हमारी आज की युवा पीढ़ी दिग्भ्रमित होकर अपनी पहचान एवं अपनी आस्था खोती चली जा रही है। आवश्यकता है, देश के बच्चों, युवा पीढ़ी और युवा खिलाड़ियों के मनोबल एवं आत्मबल को बढ़ाने की, ताकि हम अपने पुराने गौरव को पुनः प्राप्त कर सकें। बाबूजी (ध्यानचन्द) के खेल–जीवन की कई बातों से लोग वाकिफ हैं, परन्तु इस पुस्तक में बाबूजी के खेल के अलावा उनके सामाजिक, मानवीय एवं पारिवारिक गुणों पर प्रकाश डालने की कोशिश की गई है।

अनुशासित, संयमी व कठोर बाबूजी के हृदय में कोमल भाव भी छिपा था, जो उनके फिल्मी दुनियां की हस्तियों के लिए दो–दो शब्द लिखने के लिए प्रेरित किया करता था। पुस्तक में उनके समग्र बहुआयामी व्यक्तित्व तथा कृतित्व को विश्व के सर्वशक्तिशाली लोकतांत्रिक भारतीय जनता के समक्ष रखने का प्रयास किया गया है।

बाबूजी के एक अन्य महत्त्वपूर्ण गुण, राष्ट्रप्रेम को भी उकेरने की कोशिश की गई है। प्रत्यक्ष नहीं, तो अप्रत्यक्ष रूप से गोरे मूल के साम्राज्यवादी अपराजेय ब्रितानिया हुकूमत को उनके ही देश में धूल

चटाकर बाबूजी ने अपने देश के स्वाधीनता–संग्राम में योगदान दिया एवं सिद्ध किया कि अंग्रेज अपराजेय नहीं हैं, बल्कि इन्हें अपने देश से भगाया जा सकता है।

मैं अपने पति श्री उमेशकुमार सिंह की अत्यन्त ही आभारी हूँ, क्योंकि बिना उनकी प्रेरणा एवं सहयोग के इस पुस्तक की रचना संभव नहीं थी। इस पुस्तक की रचना में मेरे सबसे बड़े जेठ श्री मोहन सिंह एवं चौथे नम्बर के जेठ श्री अशोककुमार सिंह ने भी विशेष रूप से सहायता की है। मैं Bharatiya Hockey.org की भी आभारी हूँ जहाँ से कुछ चित्र इस पुस्तक में दिये गये हैं।

बाबूजी से जुड़े कई संस्मरण मुझे मेरी छोटी ननद श्रीमती ऊषा सिंह, जेठानी श्रीमती मंजू सिंह एवं बीना सिंह ने सुनाये हैं, जिन्हें इस पुस्तक में सम्मिलित किया गया है। मेरे चाचाजी के सबसे बड़े सुपुत्र श्री भगत सिंह का भी योगदान उल्लेखनीय रहा है। उन्होंने बाबूजी एवं चाचाजी से सम्बन्धित संस्मरण, फोटोग्राफ्स एवं पेपर की कटिंग उपलब्ध करायी है।

इस पुस्तक के सामग्री संकलन में जवाहर नवोदय विद्यालय बरुआसागर के प्राचार्य एस. के. मिश्रा का भी काफी योगदान रहा है। मैं उनके प्रति भी आभारी हूँ। साथ ही मैं आभारी हूँ, नवोदय विद्यालय बरुआसागर की छात्राएँ श्रद्धा गुप्ता, मुस्कान जैन, स्वाती व मेघा की, जिन्होंने मेरे द्वारा लिखित आलेख को पुनः लिखने में सहायता प्रदान की। फोटोग्राफी में मेरी मदद कंवलजीत सिंह ने तथा कम्प्यूटर टंकण में अरुण विजयवर्गीय ने की।

मेरे पुत्र उदय ध्यानचन्द एवं पुत्री सुश्री सुरभि ध्यानचन्द का इस कार्य में विशेष रूप से योगदान रहा, बिना उनके सहयोग के इस पुस्तक की रचना असंभव थी।

उम्मीद है, हमें अपने खोये हुए पहचान तथा सम्मान प्राप्त करने हेतु आज एवं देश के छोटे बच्चों, उदीयमान खिलाड़ियों और युवा खिलाड़ियों तथा भावी पीढ़ियों के लिए यह पुस्तक उत्प्रेरक का कार्य करेगी।

— डॉ. मीना उमेश ध्यानचन्द

विषय सूची

प्रारम्भिक जीवन और हॉकी

ईश्वर ने सृष्टि के आरम्भ के बाद इस पृथ्वी पर पहाड़, नदी, समुद्र, अन्तरिक्ष, झरने आदि बनाये, फिर इस धरती पर जीवों की रचना की। ईश्वर ने अपने द्वारा बनाये सभी जीवों में मनुष्य को सर्वाधिक बुद्धिमान् बनाया। उसने प्रकृति का वरदान सारे मनुष्यों को एक समान दिया, न किसी को ज्यादा न ही किसी को कम। साथ ही प्रत्येक मनुष्य को ईश्वर ने इस धरती पर कोई न कोई विशेष कार्य करने हेतु भेजा।

अपने भाग्य एवं कर्म के अनुसार प्रत्येक व्यक्ति को ईश्वर एवं प्रकृति अदृश्य रूप से अच्छे कार्य करने हेतु प्रेरित करते हैं। जो मनुष्य उनके प्रेरणारूपी संकेत को अपने आन्तरिक दृढ़ विश्वास एवं लगन से आत्मसात् कर लेता है, वह इस दुनियाँ में ऐसे काम कर जाता है, जिसके लिए दुनिया उसे युगों–युगों तक याद करती है। अपने युग की इतिहास की रचना कर वह व्यक्ति अजर–अमर हो जाता है। ऐसे विलक्षण व्यक्तियों की सूची में एक नाम है– बाबूजी हॉकी के जादूगर मेजर ध्यानचन्द का।

उनका जन्म 29 अगस्त 1905 को इलाहाबाद में एक अत्यन्त ही साधारण क्षत्रिय परिवार में हुआ था। उनके पिता सोमेश्वर सिंह सेना में कार्यरत थे। पारिवारिक माहौल अत्यन्त ही पारम्परिक एवं सुसंस्कृत था। उनकी माताजी

ध्यानचन्द के पिता स्व. सोमेश्वरसिंह

(श्यामादेवी) ने अपनी सातों संतानों का पालन–पोषण अच्छी आदतों एवं अच्छे संस्कारों को डालते हुए किया था। सोमेश्वर सिंह (दादाजी) के परिवार ने खेल को 'धर्म' और विजय को 'प्रसाद' माना। यही कारण है कि इस परिवार में जो भी जन्मा, खिलाड़ी ही जन्मा। एक समय तो ऐसा भी आया, जब इस परिवार के पास हॉकी की मुकम्मल टीम थी। बाबूजी (ध्यानचन्द) और रूपसिंह (चाचाजी) की हॉकी–विरासत को सम्हालने के लिए इनकी संतानों ने भी अथक प्रयास किये। हॉकी में संसारपुर गाँव एवं सोमेश्वर दत्त सिंह (दादाजी) का परिवार एक–दूसरे के पूरक हैं।

बाबूजी (मेजर ध्यानचन्द) चार बहनें एव तीन भाई थे। भाइयों के नाम थे– बड़े भाई मूलसिंह, ध्यानसिंह तथा सबसे छोटे भाई रूपसिंह। चारों बहनों के नाम थे– श्रीमती इनदो, श्रीमती रामकुमारी, श्रीमती रामकली एवं श्रीमती सूर्या। पिताजी सेना में थे, अतः तबादले यहाँ–वहाँ हुआ करते थे। उस समय खेल की कोई पारिवारिक पृष्ठभूमि नहीं थी।

बाबूजी (ध्यानचन्द) सारे भाई–बहनों में शान्त, सौम्य, मितभाषी एवं शर्मीले स्वभाव के थे। ये सारे गुण जीवनपर्यन्त इनके संग रहे। अद्वितीय खेल के अलावा दया, परोपकार एवं सहृदयता जैसे गुण भी उनमें कूट–कूट कर भरे थे। घमण्ड तो उनके अन्दर लेशमात्र को भी नहीं था। ये थे, उनके सामाजिक आचरण।

अपनी सिधाई (सीधेपन), सच्चाई तथा सादगी के कारण वे सामाजिक जीवन में कई बार छले गये। इसका एहसास बाद में होने पर उन्होंने धोखा देने वाले तक को हृदय से माफ कर दिया। वे बदला लेने में नहीं, अपितु क्षमा करने में विश्वास करते थे।

वे हॉकी के ऐसे योगी थे, जो फल की चिन्ता किये बगैर अनवरत हॉकी खेलरूपी कर्म करते रहे और इस कर्म में अपना सम्पूर्ण जीवन न्योछावर कर दिया। अपने शरीर के लहू की एक–एक बूँद और बदन की एक–एक हड्डी उन्होंने हॉकी के खेल को समर्पित कर दिया था। उनकी यह तपस्या भारतीय ऋषियों, मुनियों की तपस्या से कहीं भी कमतर नहीं थी। उनके खेलरूपी प्रकाश से भारत ही नहीं, बल्कि पूरा विश्व जगमगा गया और आने वाले शताब्दियों तक जगमगाता रहेगा।

उनका विवाह 1936 में ललितपुर जनपद के धवारी ग्राम की क्षत्रिय कन्या श्रीमती जानकीदेवी के साथ हुआ।

ध्यानचन्द और उनकी पत्नी जानकीदेवी

बाबूजी के हॉकी के सफर में अम्माजी (जानकीदेवी) का महत्त्वपूर्ण योगदान रहा। बाबूजी तो हॉकी खेलते हुए देश एवं खेलधर्म निभाते रहे, परन्तु अम्माजी अपने ग्याहरवें पुत्र एवं पुत्रियों का लालन–पालन व शिक्षा का भार अपने कंधों पर लेकर सामाजिक तथा

पारिवारिक धर्म निभाती रहीं। उन्होंने बाबूजी की कमी को अपने परिवार में खलने नहीं दिया तथा मरते दम तक अपनी जिम्मेदारी पूर्ण करती रहीं, क्योंकि इतने बड़े कुनबे की देखभाल करना आसान काम नहीं था।

हमारा परिवार प्रारम्भ से ही संयुक्त परिवार रहा है। स्वयं के सात पुत्र एवं चार पुत्रियाँ, उनके बड़े भाई मूलसिंह एवं एक बहन का पूरा परिवार झाँसी के

जानकीदेवी प्रौढ़ावस्था में

मेजर ध्यानचन्द प्रौढ़ावस्था में

घर में एक साथ ही रहा करते थे। ध्यानचन्द के पिता सोमेश्वर दत्त सिंह के तीन पुत्र—हवलदार मूल सिंह, ध्यान सिंह और रूप सिंह थे। ध्यान सिंह (ध्यानचन्द) के सबसे बड़े बेटे ब्रजमोहन अपने स्टेट (यू.पी.) का राष्ट्रीय खेलों में प्रतिनिधित्व करते थे। दूसरे पुत्र मोहन सिंह हॉकी के कोच बन गये। तीसरे पुत्र राजकुमार एथलीट थे, चौथे पुत्र अशोक कुमार ने 1975 के वर्ल्डकप में गोल करके भारत को जिताया, जो भारत के लिए एक मात्र वर्ल्डकप खिताब है। 1972 के म्यूनिख ओलम्पिक में अशोक कुमार को कांस्य पदक मिला। 1971 व 1973 के वर्ल्डकप में क्रमशः कांस्य व रजत पदक मिला। पाँचवे

पुत्र उमेश सिंह इंडियन एयरलाइन्स के लिए हॉकी खेलते थे और छठे पुत्र देवेन्द्र सिंह इंडियन एयरलाइन्स और बंगाल स्टेट के लिए हॉकी खेलते थे। ध्यानचन्द के छोटे भाई रूपसिंह को 1932 व 1936 के ओलम्पिक हॉकी में गोल्ड मैडल मिला। उनके बेटे चन्द्रशेखर भारत के लिए हॉकी खेलते थे। ध्यानचन्द के सम्पूर्ण परिवार को पाँच ओलम्पिक गोल्ड मैडल, एक ओलम्पिक कांस्य मैडल, एक वर्ल्डकप गोल्ड मैडल, एक वर्ल्डकप सिल्वर मैडल और एक वर्ल्डकप कांस्य मैडल मिले हैं। ध्यानचन्द छठी कक्षा के आगे नहीं पढ़ पाए क्योंकि उनके पिता सोमेश्वर सिंह की बदली फौज में होने के कारण, जहाँ—तहाँ हुआ करती थी और परिवार उनके साथ ही रहता था।

एक बार का वाकया (घटना) मेरी दूसरे नम्बर की बड़ी जेठानी (श्रीमती मंजूसिंह) ने याद करते हुए बताया था— ''बात यह उस समय की है, जब मेरी नई—नई शादी सन् 1969 में हुई थी। घर में कुछ मेहमान बाहर से आये थे। उनके आने के बाद मुझे बैठक में बुलाया गया। नई—नई होने के कारण मुझे कुछ भी समझ में नहीं आया तथा मैं नीचे जमीन पर बैठ गई। उसी समय अचानक बाबूजी (ध्यानचन्द) वहाँ आये। उन्होंने मुझे जमीन पर नीचे बैठे हुए देख लिया। यह बात उन्हें उस समय अत्यन्त ही नागवार गुजरी। उन्होंने मेहमानों के सामने ही घर के अन्य सदस्यों से कहा— 'तुम लोगों ने ध्यान नहीं दिया, मेरे घर की लक्ष्मी जैसी बहू जमीन पर बैठी है तथा तुम लोग कुर्सी पर।' उन्होंने उसी क्षण मुझे नीचे से उठाकर कुर्सी पर बैठाया''।

ये सारी बातें उनके आदर के समभाव, प्रेमभाव एवं मानवीय संवेदनाओं को दर्शाते हैं एवं उनके हृदय में महिला जाति के प्रति आगाध सम्मान के भाव व्यक्त करते हैं। उन्होंने घर में कभी भी लड़के तथा लड़कियों में भेदभाव नहीं किया। वे दोनों के समान अधिकार, समान शिक्षा तथा समान व्यवहार के पक्षधर थे।

मेरी तीसरे नम्बर की जेठानी श्रीमती बीनासिंह ने बाबूजी से सम्बन्धित एक वाकया (घटना) याद करते हुए बताया था कि ''बड़ा एवं संयुक्त परिवार होने के कारण घर में दिनभर खाना बनता रहता था और बाबूजी को दिन भर चौके का चालू रहना बिल्कुल ही पसन्द न था। वे सेना के अनुशासन और समय की पाबन्दी के कायल थे। बाबूजी ने अपने जीवन का बहुत ही कम समय घर में व्यतीत किया था। सेना से रिटायरमेंट के बाद भी वे घर नहीं आये थे, बल्कि घर के खर्चे पूरे करने के लिए घर से बाहर कोच के रूप में कार्यरत रहे थे।

घर आने के बाद उन्होंने घर के प्रत्येक सदस्य को अल्टीमेटम दे दिया था कि सभी अपना काम समय पर किया करेंगे। अम्माजी से नाराज होते हुए साफ–साफ कहा था– 'ये दिन भर का घर में खाना बनना बंद करवाओ।' उनके डाँटने के बाद हम लोग बाबूजी से चोरी–चोरी धीरे से चौके में घुसकर खाना बनाया करते थे, क्योंकि बाबूजी अधिकतर मकान के बाहर की तरफ स्थित अपने कमरे में रहते थे और चौका घर के अन्दर ऑगन में था लेकिन बाबूजी भी कम कहाँ थे, वे भी चोरी से आँगन में आकर चेक किया करते थे कि खाना बन रहा है या नहीं?

एक बार की बात है, उन्होंने ऐसी ही चेकिंग करते समय हम लोगों को पकड़ लिया तथा खाना बनते देखकर बहुत ही गुस्से में आ गये थे। उन्होंने गुस्से में आकर कहा था– ''दिन भर खाना बना–बनाकर तुम लोगों ने घर को लंगर में बदल दिया है।' उस दिन वे कुछ ज्यादा ही क्रोधित थे। उन्होंने चौके से सबको निकालकर ताला लगा दिया था तथा अम्माजी को हिदायत दी कि चौका अब समय से ही खुलेगा तथा नाश्ता एवं खाना समय पर बनेगा। घर के सभी सदस्य समय पर नाश्ता एवं खाना खाएंगे। आगे उन्होंने घर के लोगों को अनुशासित एवं समयबद्ध करने के लिए सुबह से लेकर रात तक के दैनिक घरेलू कार्य के लिए एक टाइमटेबल बनाकर, घर की दीवार पर कील

ठोकर टाँग दिया था। घर के सभी सदस्यों को निर्देश दिया था—सभी इस टँगे हुए टाइमटेबिल के अनुसार अपना—अपना काम करें।

इस प्रकार उन्होंने घर में कड़ा रुख घर के सदस्यों को अनुशासित एवं समय से काम करना सिखाने के लिए अपनाया था, परन्तु उनके इस कड़े रुख के अन्दर छिपा था, बहुओं के लिए कोमल भाव एवं प्यार। उन्हें पता था कि उनके इस प्रकार की कड़ाई से घर की बहुओं को दिन भर खाना पकाने से छुट्टी मिलेगी तथा वे भी थोड़ा आराम कर लिया करेंगी।

मेरी छोटी ननद श्रीमती उषासिंह ने बाबूजी के सम्बन्ध में बताया था— 'एक पारम्परिक ठाकुर परिवार की तरह हमारे घर में भी खाना बनाने, बच्चों को सम्हालने उनके पढ़ाने—लिखाने का काम घर की बहुओं के जिम्मे था और घर के बाहर के काम, नौकरी व खेल घर के पुरुषवर्ग की जिम्मेदारी थी। दोनों अपने—अपने तरह से अपनी—अपनी जिम्मेदारी पूरी करते थे। बाबूजी को बेटों और बहुओं में, बहुएँ ज्यादा प्यारी थीं। बाबूजी की एक खास आदत थी। वे अपने लड़कों से ज्यादा बहुओं को चाहते थे। महीने के शुरू में जब बाबूजी बैंक से पेंशन उठाते थे, तो लौटते समय साथ में रबड़ी और मलाई जरूर ही घर में लाते थे।

बाबूजी को रबड़ी बहुत ही पसंद था। बाँटते समय घर की बहुओं (भाभिओं) को बुलाते थे। कहाँ हो बीना, मंजू! जल्दी आओ। उनके आने के बाद सबसे पहले चम्मच से रबड़ी उनके मुँह में अपने हाथ से खिलाते थे। उन्हें खिला लेने के बाद हमलोगों का और घर के अन्य सदस्यों का नम्बर आता था। कभी—कभी अम्माजी उनको समझाती भी थीं, लाइए! मुझे दे दीजिए, मैं सबको बाँट दूँगी। परन्तु बाबूजी मिठाई का खदोना अम्मा को कहाँ देने वाले थे, वे तो घर के सभी सदस्यों को अपने हाथों से ही चम्मच से रबड़ी खिलाते थे, जिसमें पहला नम्बर भाभियों का आता था। भाभियों के लिए वह सिर्फ

रबड़ी नहीं होती थी, बल्कि उसमें बाबूजी के प्यार–दुलार की चाशनी मिली होती थी, जिसमें उन्हें अपने माँ और बाप दोनों का प्यार मिल सके।

अम्माजी को प्रायः बाबूजी बहुओं को खुश रखने की नसीहत दिया करते थे। उनका कहना था– हमारे समाज की बहुएँ किसी घर की लड़कियाँ होती हैं। वे शादी के बाद अपना घर–बार, माँ–बाप रिश्तेदार सभी मायके में ही छोड़कर आती हैं। उन्हें नये घर में अत्यन्त ही प्यार–दुलार तथा अपनाने की आवश्यकता होती है। उन्हें ससुराल में इतना प्यार दुलार मिले कि उन्हें अपने माँ बाप की याद न आये।

मेरी ननद याद करते हुए आगे बताती हैं– 'घर में अगर किसी बहू की तबियत खराब हो जाती थी, तो बाबूजी परेशान हो जाते थे। दिन–भर में पचासों बार उसका हाल–चाल लेना, दवाई दिलवाना, डॉक्टर के यहाँ दिखवाना उनका मुख्य काम हो जाता था। बहू ने समय पर खाना, दवाई ली है अथवा नहीं, इसकी वे पूरी खबर रखते थे।

एक बार अम्माजी (जानकी ध्यानचन्द) ने अपने पुराने जीवन में झाँकते हुए अपने शुरुआती दिनों को याद करते हुए बताया था कि यह बात उस समय की है, जब सन् 1936 में मेरी शादी हुई थी। मुझे ब्याह कर नई–नई घर में आये सिर्फ पन्द्रह दिन ही हुए थे। बाबूजी को उसी समय खेलने जर्मनी जाना था। बाबूजी को नई पत्नी की कोई परवाह नहीं थी। वे अपने विदेशी दौरे की तैयारी में लगे थे। घर के सभी लोग सोच रहे थे कि कैसे ये अपनी नई–नवेली दुल्हन को छोड़कर जाएँगे। मैं भी उस समय इतनी ज्यादा समझदार नहीं थी। मैंने बाबूजी से दबी जुबान में कहा था– 'जाना क्या कुछ समय बाद नहीं हो सकता है?' बाबूजी ने उस समय मुझे घूरते हुए कहा– 'इस समय तुमसे ज्यादा मेरी जरूरत देश की हॉकी टीम को है। इस बार मेरे ऊपर टीम की कप्तानी भी सौंपी गई है। खेल के लिए मेरी जिम्मेदारी ज्यादा

बढ़ गई है। इस नाजुक घड़ी में मुझे अपना सहयोग दो और ईश्वर से प्रार्थना करो कि मैं जीतकर आऊँ तथा अपने देश का नाम विश्व में रोशन कर सकूँ। हिटलर की धरती पर उसकी टीम को परास्त कर सकूँ।'

'उस समय तो ये सब बातें मेरी समझ में ज्यादा नहीं आईं। पत्नीधर्म के नाते मेरी समझ में बस इतना आ रहा था कि मुझे अपने पति का साथ सुख–दु:ख, मिलन–जुदाई के हर मोड़ पर निभाना है। उनकी खुशी में ही मेरी खुशी है और, बस मैंने अपने मन को समझाया। एक भारतीय पत्नी होने के नाते मैंने पत्नीधर्म को समझा तथा इन्हें खेलने विदेश जाने के लिए रोकर नहीं बल्कि हँस कर विदा किया।'

बाद के दिनों में हॉकी के गिरते स्तर, खिलाड़ियों के टूटते हुए मनोबल और खेल में व्याप्त राजनीतिकरण ने उन्हें (बाबूजी को) तोड़कर रख दिया था। एक बार हॉकी स्टिक जो उन्हें अपने प्राणों से भी प्रिय थी, उसे ही जलाने के लिए चल पड़े थे।

मेरे सबसे बड़े जेठ (मोहनसिंह) ने याद करते हुए बताया था– 'अन्दर से दु:खी बाबूजी ने एक बार सारे लड़कों को घर में डाँट लगाते हुए कहा था– ''अब इस घर में कोई भी हॉकी नहीं खेलेगा तथा घर में एक भी हॉकी स्टिक

सिपाही ध्यानचन्द मैडल

नहीं रहेगी''। घर की सारी हॉकी स्टिक को इकट्ठा कर जलाने चल पड़े थे। उस समय बहुत ही मुश्किल से उनका क्रोध ठंडा हुआ था तथा अम्माजी ने किसी तरह हॉकी स्टिक को जलाने से बचा लिया था।

हॉकी के गिरते स्तर, खेल के राजनीतिकरण तथा खेल की दुर्दशा ने बाबूजी के कलेजे को चीर कर रख दिया था। बाद के दिनों में वे घर में काफी दु:खी रहने लगे थे। इसी दु:ख ने उनको धीरे–धीरे खोखला कर दिया था। इसके अलावा भी दो अन्य कारण थे, जिससे वे काफी घबरा गये थे तथा जिसका उनके जीवन पर काफी प्रभाव पड़ा। पहला कारण था– उनके छोटे भाई रूपसिंह का निधन। वे अपने छोटे भाई को अपनी जान से भी ज्यादा प्यार करते थे। उनके निधन के बाद बाबूजी टूट गये थे। उनके खेल का सहारा उनसे छिन गया था। उनके निधन के बाद वे स्वयं भी ज्यादा दिन नहीं जी सके।

चाचाजी रूपसिंह (ध्यानचन्द के छोटे भाई) के बड़े पुत्र भगतसिंह ने एक बार उनके (ध्यानचन्द) अभ्यास के बारे में बताया था– ''हॉकी की ज्योति उनके अन्दर इस प्रकार जल चुकी थी कि उसके प्रकाश में हॉकी खेलने के लिए स्टेमिना (दम) बनाने हेतु वे घर से कुछ फूले हुए चने लेकर घर के बगल में स्थित रेलवेलाइन की पटरियों पर दौड़ने का अभ्यास किया करते थे।''

घर–बाहर कहीं भी आज की तरह उन दिनों खिलाड़ियों के अभ्यास हेतु मैदान एवं स्टेडियम नहीं थे, फिर भी बाबूजी चाँदनी रात में पेड़ों की टहनियों को हॉकी बनाकर खेला करते थे। मन में दृढ़ इच्छाशक्ति एवं लगन से उन्होंने कठिन राहों को भी आसान बना लिया, जो आज के खिलाड़ियों के लिए प्रेरणा–स्रोत है।

बाबूजी (ध्यानचन्द) के पिताजी के बड़े भाई सेना में थे। अतः सन् 1922 में 16 वर्ष की आयु में बाबूजी ने भी सेना में नौकरी कर ली थी। उन दिनों सेना में बखूबी हॉकी खेली जाती थी। कहा जाता है कि क्रिकेट, हॉकी, फुटबाल आदि खेल भारत में अंग्रेजों द्वारा लाये गये खेल हैं, जो हमारे देशी खेल से अलग हैं। उन्हीं दिनों सेना की टुकड़ियों के बीच हॉकी के बटालियन मैच हुआ करते थे। इसमें यूनिट के सैनिकों की टीमें, जिसमें अंग्रेज तथा भारतीय दोनों खिलाड़ी हुआ करते थे, जी–जान लगाकर खेल की तैयारी करते थे तथा इन मैचों में जीतना अत्यन्त ही प्रतिष्ठा का प्रश्न हुआ करता था। बाबूजी ने हॉकी खेलने की प्रेरणा इन मैचों में भाग लेकर प्राप्त की थी। उनकी प्रतिभा को देखते हुए बाले तिवारी ने उन्हें प्रोत्साहित तथा उत्साहित किया था।

1949 में बरेली में सैनिक टुकड़ी के साथ ध्यानचन्द कुर्सी पर बैठे बायें से दायें तीसरे

बाबूजी ने अपनी प्रारंभिक हॉकी ब्राह्मण रेजीमेंट से खेलना शुरू किया था एवं उनके खेलगुरु थे सूबेदार मेजर 'बाले तिवारी'। बाले तिवारी स्वयं हॉकी खेलते थे और अंग्रेज अफसरों से उनकी पहचान भी थी। बाले तिवारी

ध्यानचन्द के हॉकी के गुरु बन गये। तिवारी ने एक मंत्र उनको दिया—"तुम ड्रिवलिंग अच्छा करते हो, अच्छा खेलते हो किन्तु गेंद हमेशा अपने पास ही मत रखो, पास देकर अन्य खिलाड़ियों को साथ लेकर खेलो, तब एक परफेक्ट खिलाड़ी बनोगे। और, ध्यान रखो— सही समय पर, सही तरह से प्लेसिंग करो, तो गोल हो जाएगा।" इस बात को ध्यानचन्द ने गाँठ बाँध ली। ध्यानचन्द जब चौदह वर्ष की उम्र के थे, तो अपने पिता सोमेश्वर सिंह के साथ हॉकी मैच देखने गये। वहाँ एक टीम दो गोल से हार रही थी। तब ध्यानचन्द ने अपने पिता से कहा यदि मुझे मौका मिला, तो मैं हारने वाली टीम को जिता दूँगा। बार—बार अपने पिता से कहने पर, पास बैठे एक अंग्रेज आर्मी ऑफीसर ने उन्हें खेलने की इजाजत दे दी और ध्यानचन्द ने हारने वाली टीम को चार गोल से मैच जिता दिया।

ध्यानचन्द के दो कोच थे, प्रथम, बाले तिवारी और दूसरे पंकज गुप्ता। पंकज गुप्ता ने उनके खेल की तकनीक से प्रभावित होकर उनका नाम ध्यान सिंह से ध्यानचन्द कर दिया। उनका यह कहना था कि जिस प्रकार तुम चाँद की रोशनी में में हॉकी का अभ्यास करते हो, उसी प्रकार हॉकी का चाँद बनकर चमकोगे। इसलिए तुम्हारा नाम ध्यानचन्द रहेगा। इस प्रकार ध्यान सिंह से ध्यानचन्द के नाम से बाबूजी विख्यात हुए।

बाबूजी ने सोचा भी न था कि हॉकी उनके जीवन की दिशा बदल देगी। दिल्ली में होने वाले वार्षिक टूर्नामेंट में खेलने के लिए उन्हें चुना गया। यह पहला बड़ा मैच था, जिसे आसानी से जीत लिया गया। बाबूजी के सैनिक अधिकारियों ने इस जीत पर अपना गर्व व्यक्त किया था, क्योंकि सेना में इस वार्षिक टूर्नामेंट को जीतने के लिए सभी खिलाड़ी जी—जान लगाकर उत्सुकतापूर्वक तैयारी करते थे। इस टूर्नमेंट के बाद से तो सेंटर फारवर्ड के स्थान पर बाबूजी की पोजीशन मानों सुरक्षित हो गई।

बाबूजी ने झाँसी में 'झाँसी हीरोज क्लब' की स्थापना की थी, जिसमें उनकी आत्मा बसती थी। बहुत से नये लड़के उस समय हीरोज क्लब से

खेले और बाद में भारतीय हॉकी की पहली पंक्ति में जा बैठे। उन्होंने बाबूजी से या 'झाँसी हीरोज' से प्राइवेट मैचों में या झाँसी के आसपास मैच खेलकर हॉकी सीखी, जिनमें किशनलाल, मथुराप्रसाद, रूपसिंह, इस्माइल, बलवीर (रेलवे), नन्हेलाल आदि थे। 'हीरोज ग्राउण्ड' झाँसी के सीपरी बाजार में हमारे घर से करीब 500 गज पर है। बाबूजी के 'हीरोज ग्राउण्ड' से अत्यधिक लगाव के कारण उनके स्वर्गवास के बाद, उनकी वहीं समाधि बनाई गई तथा उसी समाधि पर उनकी मूर्ति लगाई गई है।

अब बाबूजी ने हॉकी के खेल को पूर्ण समर्पण के साथ खेलना प्रारम्भ कर दिया। सेना की नौकरी में बाद के बचे हुए समय को हॉकी के अभ्यास में लगाना प्रारम्भ कर दिया था। पहली बार ही दिल्ली टूर्नमिंट में मैदान में उतरने पर मिली सफलता ने उन्हें यह खेल सही दिशा और सही मायने में खेलते रहने के लिए प्रोत्साहित किया।

सन् 1922 और 1926 के मध्य पूर्ण रूप से बाबूजी की हॉकी सेना के टूर्नमिंटों तक ही सीमित रही। उनकी इच्छा "भारतीय सैनिक हॉकी टीम" में सम्मिलित होने की थी, परन्तु वे दो बातों को लेकर शंकित थे। एक तो

मेजर ध्यानचन्द का झाँसी में घर का मुख्य द्वार

वे नये–नये भरती हुए थे और, दूसरे छोटे रैंक में थे। सैनिक आचारसंहिता में ऊँचे अधिकारियों तक अपनी बात पहुँचाना किसी भी प्रकार से सम्भव नहीं था, परन्तु उन्हें विश्वास था कि यदि उनका खेल अच्छा है और भविष्य में यदि वे हॉकी की सशक्त संभावनाओं के रूप में अपने आप को स्थापित कर सके, तो उनके साथ अवश्य ही न्याय होगा।

बाबूजी ने उन दिनों महसूस किया था कि सेना के द्वारा खेल के क्षेत्र में किसी भी रूप में निरंकुशता, पक्षपात और भ्रष्टाचार देखने को नहीं मिलता था। अंग्रेजी सेना के अधिकारियों ने हॉकी खेल को निष्पक्ष बनाये रखा और बाबूजी जैसे साधारण एवं नये तथा छोटे रैंक के खिलाड़ी की प्रतिभा को मरने नहीं दिया बल्कि उसे आगे बढ़ाने और पल्लवित करने में योगदान दिया। भारतीय काले मूल एवं गोरे मूल के खिलाड़ियों के बीच यदि पक्षपात हुआ होता, तो शायद भारत को ओलंम्पिक खेलों में ओलम्पिक पदक नहीं मिल पाता और मेजर (बाबूजी) ध्यानचन्द की खेल–प्रतिभा खिलने के पहले ही मुरझा जाती।

उन दिनों बाबूजी अपने प्रचंड उत्साह से रेजिमेंट में हॉकी खेला करते थे और आसपास के सैनिकों के हॉकी टूर्नामेंटों में भाग लिया करते थे। सन् 1925 की बात है बाबूजी उन दिनों पंजाब इंडियन इन्फेन्ट्री की ओर से हॉकी खेलते थे। उस हॉकी टूर्नामेंट में यू.पी. (तब का संयुक्त अवध प्रान्त) के खिलाफ एक मैच था। यू.पी. की टीम 2-1 से जीत रही थी। खेल समाप्त होने में केवल 4 मिनट बाकी थे। यह देख कमांडिग ऑफीसर ने उनको आवाज दी– "आगे बढ़ो जवान, आगे बढ़ो जवान, कुछ तो करो ध्यान।" और, ध्यानचन्द ने कुछ कर दिखाया तथा चार मिनट में तीन गोल करके अपनी टीम को विजयी बना दिया। इसी मैच के बाद इन्हें ब्रिटिश प्रैस ने "हॉकी का जादूगर" कहा। इस खेल के बाद ही ध्यानचन्द का खेल उत्तरोत्तर श्रेष्ठ होता चला गया और ध्यानचन्द करिश्मा के प्रतीक बन गये।

OO

1926 में न्यूजीलैण्ड-भ्रमण पहली विदेशयात्रा

एक दिन अचानक उनके कमांडिग ऑफीसर ने उन्हें बुलाकर कहा—'तुम्हें न्यूजीलैण्ड जाना है'। यह सुनकर उनकी खुशी का ठिकाना न रहा तथा उन्होंने यह सूचना अपने गुरु बाले तिवारी को बैरक में जाकर दी। बाले तिवारी की भी हर्षतिरक में आँखे भींग गयीं। उन्होंने तथा बैरक के सैनिकों ने बाबूजी को कंधे पर उठा लिया।

मेरी अम्माजी (श्रीमती जानकी ध्यानचन्द) ने इस न्यूजीलैण्ड—भ्रमण के सम्बन्ध में याद करते हुए बताया था कि ध्यानचन्द की माताजी (श्रीमती श्यामादेवी) ने इस घटना के बारे याद करते हुये बताया था कि "जब ध्यानचन्द ने अपनी पहली विदेशयात्रा के बावत घर में खबर की, तो पूरे घर में हड़कम्प—सा मच गया। घर वालों को देश के भीतर घूम—घूमकर खेलने की बात तो समझ में आ रही थी, परन्तु यह विदेश दौरा किसी के पल्ले नहीं पड़ रहा था। घर की आर्थिक स्थिति अत्यन्त ही साधारण थी। विदेश जाने के लिए गर्म कपड़े एवं अन्य सामानों का जुगाड़ किस प्रकार हो पाएगा? इससे सभी परेशान हो गये थे। सबके मन में शंका थी, पता नहीं विदेश जाना संभव हो सकेगा या नहीं?

ध्यानचन्द को मिले पदकों की शृंखला

परन्तु ध्यानचन्द ने घर पहुँचकर इस समस्या का स्वयं ही समाधान निकाला। सेना से मिले हुए पुराने गर्म ओवरकोट और गर्म शर्ट एवं पैंट इकट्ठा किया। सेना के ही जूते लिये तथा फलालेन की सस्ती कमीजें बनवाईं और कम्बल बाँधकर विदेशी दौरे की तैयारी कर ली। न कोई झिझक, न कोई दिखावा। माँ ने समझाया इतने कम गर्म कपड़ों से विदेश में काम नहीं चलेगा परन्तु ध्यानचन्द ने एक नहीं सुनी। उसने मुझसे कहा– ''माँ! गर्मी खिलाड़ी के शरीर में होनी चाहिए, गर्म कपड़ों में नहीं। सर्दी का सामना करने के लिए इतने कपड़े काफी हैं। मात्र ये गर्म कपड़े मेरे रास्ते में क्या रुकावट बनेगें''?

आज के जमाने में यदि कोई खिलाड़ी या टीम विदेश दौरे के लिए आमंत्रित की जाती है, तो टीम को समुचित रूप से सुसज्जित करने की जिम्मेदारी उसको विदेश भेजने वाली संस्था की होती है या इसके लिए कोई और साधन ढूँढ़ लिया जाता है। बाबूजी का सम्बन्ध एक साधारण परिवार से था। आर्थिक रूप से ज्यादा सम्पन्न न होने के कारण उन्हें महत्त्वपूर्ण विदेशी दौरे के लिए अपने–आपको समुचित रूप से सुसज्जित करने की सारी योजनाओं को आर्थिक अभाव के कारण अलविदा कहना पड़ा और जितने कम से कम खर्चे में संभव था, उन्होंने अपने कपड़े सिलवाये एवं विदेश जाने की तैयारी की।

हॉकी खेलने के लिए भारत माँ का सच्चा खिलाड़ी अत्यन्त ही साधारण पोशाक और मिलिट्री के कुछ सामान के साथ अपने देश का नाम रोशन करने निकल पड़ा। अभाव में ही टीम के सभी सदस्यों के साथ उन्होंने भ्रमण के हर क्षण का आनन्द लिया। कभी भी इन लोगों ने विलासिताओं और आरामतलबी की परवाह नहीं की और न ही सर्वोत्तम होटल या अन्य वस्तुओं में सर्वोत्तमता की भी परवाह की।

न्यूजीलैण्ड में बाबूजी हॉकी खेलने में सर्वोत्तम रहे। न्यूजीलैण्ड में भारतीय हॉकी ने शानदार खेल का प्रदर्शन किया।

वहाँ 21 मैच खेले, 18 जीते, 2 बराबर रहे और एक हारे। 192 गोल किये और केवल 24 गोल खाए।

न्यूजीलैण्ड से लौटने के बाद समाचारपत्रों और लोगों में उनके बारे में चर्चा होने लगी थी। दौरे से लौटने के तुरन्त बाद उन्हें लाँसनायक बना दिया गया। अब भारतीय हॉकी ने करवट लेना शुरू कर दिया था। बाबूजी में उनके प्रशंसकों एवं सैनिक अधिकारियों को संभावनाएँ दिखने लगी थीं। भारतीय हॉकी रूपी पौधे का बीज प्रस्फुटित हो चुका था और भारतीय हॉकी के परवान चढ़ने की परिस्थितियाँ भी धीरे–धीरे तैयार होने लगी थीं।

न्यूजीलैण्ड से वापसी के बाद बाबूजी का सैनिकजीवन प्रारम्भ हो गया। इसके बावजूद उन्होंने हॉकी का अभ्यास निरन्तर जारी रखा।

OO

ओलम्पिक

प्रथम ओलम्पिक अमर्स्टरडम : 1928

सन् 1920 के एन्टवेर्प के खेलों के पश्चात् कोई हॉकी ओलम्पिक प्रतियोगिता नहीं हुई थी। सन् 1924 के पेरिस ओलम्पिक खेलों से हॉकी को हटा दिया गया था। बहुत ही कम लोगों को आशा थी कि शायद ही अब हॉकी को पुन: ओलम्पिक खेलों में शामिल किया जाएगा।

इस समय भारतीय हॉकीसंघ बहुत ही छोटे रूप में अस्तित्त्व में आ चुका था तथा धीरे—धीरे सक्रिय होकर इसने अपनी ओर से अन्तर्राष्ट्रीय ओलम्पिक कमेटी को मनाने का पूरा प्रयत्न किया ताकि हॉकी को ओलम्पिक खेलों में प्रतियोगिता के रूप में शामिल किया जाये, जिसे मान भी लिया गया। इधर उस समय रेजीमेंट में उनके मित्र बराबर इस बात की चर्चा करते रहते थे कि यदि हिन्दुस्तान ने ओलम्पिक खेलों में अपनी टीम भेजी, तो उनका (ध्यान चन्द का) चयन निश्चित था, क्योंकि सेना के खिलाड़ी को नजरअन्दाज करना आसान नहीं था। उन दिनों अधिकांश सैनिक अधिकारी ही भारतीय हॉकी संघ में थे तथा तत्कालीन भारतीय हॉकी संघ के अध्यक्ष मेजर बर्न मुर्डोक भी वरिष्ठ सेना अधिकारी ही थे।

बाद में अन्तर्राष्ट्रीय ओलम्पिक कमेटी ने भारतीय हॉकी संघ के अनुरोध को स्वीकार कर लिया और हिन्दुस्तान ने अपनी टीम अमर्स्टरडम भेजने का निर्णय कर लिया। अब भारतीय हॉकी संघ के समक्ष समस्या थी, किस प्रकार सर्वोत्तम टीम चुनी जाये तथा चयन हेतु कौन–सी जगह निर्धारित की जाये।

भारतीय हॉकी संघ ने कलकत्ता (वर्तमान नाम कोलकाता) में परीक्षण मैच कराने का निर्णय लिया। अपने जीवन के हॉकी सफर में बाबूजी दो चीजों से अत्यन्त प्रभावित हुए, जिसका जिक्र उन्होंने कई बार अपने संस्मरणों में किया है।

पहला यह है कि अंग्रेज खिलाड़ियों एवं सैनिक अधिकारियों के प्रति वे आभारी थे, जिन्होंने औपनिवेशिक काल में, जबकि नस्ली श्रेष्ठता की भावना पूरे भारत और विश्व में प्रभाव जमा चुकी थी, भारतीय ''हॉकी खेल'' में बिना किसी भेदभाव या पक्षपात के भारतीय खिलाड़ियों को शामिल किया गया, जिनमें एक स्वयं बाबूजी भी थे।

ओलम्पिक खेलों में भाग लेने के लिए भारतीय खिलाड़ियों को चयनित कर, प्रेरित करना अंग्रेजों की उनके खेल के प्रति पवित्र भावना को दर्शाता है। भले ही उन्होंने भारतीय राजनीतिक एवं सामाजिक जीवन में दमन एवं शोषण का रवैया अपनाया हो, लेकिन खेल को निष्पक्ष रखा।

दूसरी चीज बाबूजी कलकत्ता शहर के भी आभारी रहे हैं, क्योंकि अगर कलकत्ता शहर (सिटी) ने भारतीय हॉकी को सहयोग न दिया होता, तो शायद ओलम्पिक खेलों में भारत का शामिल होना नामुमकिन था। कलकत्ता शहर के खेलप्रेमियों के प्रति बाबूजी कोटि–कोटि ऋणी रहे। किसी भी प्रकार का खेल हो, वहाँ के खेल–प्रेमी खेल देखने को उमड़ पड़ते हैं। भारतीय हॉकी जीवन के प्रारम्भ में हॉकी को विश्वविख्यात बनाने में बंगाल प्रान्त की सराहनीय भूमिका रही है। भारतीय हॉकी ने ओलम्पिक खेलों के शीर्षतम बिन्दु को

छुआ, इसमें बंगाल के खेलप्रेमियों का विशेष योगदान रहा है। 'बंगाल हॉकीसंघ' हिन्दुस्तान का सबसे पुराना हॉकीसंघ था। उस समय 1926 से 1928 के बीच सिर्फ 2 या 3 प्रान्तीय हॉकीसंघ बने थे। पंजाब हॉकीसंघ की स्थापना 1926 में हुई थी, जिसकी स्थापना में सी.ई. न्यूहैम और जी.डी. सोंधी की प्रमुख भूमिका थी।

अतः भारतीय हॉकीसंघ ने परीक्षण मैचों के लिए कलकत्ता को ही सर्वोत्तम स्थान माना, क्योंकि उस समय भारतीय हॉकीसंघ को पैसे की अत्यन्त ही जरूरत थी, जिसकी पूर्ति बंगाल से ही संभव थी।

यहाँ एक और बात का जिक्र करना आवश्यक है। बाबूजी के मित्र जफर के बारे में, जिन्होंने 1932 के लॉस ऐंजल्स में भाग लिया था, जो मिस्टर रिची के ऋणी रहे थे। मिस्टर रिचि जिनसे जफर ने हॉकी सीखी एवं उन्हीं के कारण उन दिनों पंजाब में हॉकी का स्तर बढ़ सका था। मिस्टर रिची चीफ कॉलेज लाहौर में प्रोफेसर थे।

प्रथम अन्तरप्रान्तीय हॉकी टूर्नामेंट में पाँच प्रान्तीय टीमों ने भाग लिया। बंगाल हॉकीसंघ ने अथक प्रयास करके, हर दृष्टिकोण से टूर्नामेंट को सफल बनाया, खासकर आर्थिक पहलू पर। अगर 1928 में बंगाल हॉकीसंघ ने आर्थिक सहयोग एवं समर्थन नहीं दिया होता, तो 10 मार्च 1928 की ओलम्पिक चैम्पियनशिप जीतने के लिए भारतीय हॉकी टीम रवाना भी नहीं हो पाती।

पंजाब, यू.पी. (संयुक्त–प्रदेश), बंगाल, राजपूताना और सी.पी. ने अन्तरप्रान्तीय हॉकी टूर्नामेंटों में भाग लिया। दो बड़े प्रदेश बम्बई और मद्रास टूर्नामेंट में भाग न ले सके, क्योंकि उन दिनों इन प्रदेशों का अपना कोई हॉकीसंघ न था।

बाबूजी संयुक्त–प्रदेश (सी.पी.) के वरिष्ठ खिलाड़ी हाबुल मुखर्जी जिनका वास्तविक नाम ए.एन. मुखर्जी था, से बहुत ही प्रभावित थे। वे एक

उच्चकोटि के खिलाड़ी थे, जिन्होंने यू.पी. में हॉकी को विकसित करने एवं लोकप्रिय बनाने में दिन–रात काम किया था।

संयुक्तप्रान्त की टीम का नेतृत्व करने का सम्मान मिला था, गोलरक्षक पी.सी. बनर्जी को, जो एक बंगाली खिलाड़ी थे एवं मैनेजर डा. चटर्जी थे।

इस टूर्नामेंट के पीछे मुख्य उद्देश्य ओलम्पिक के लिए भारत की प्रथम राष्ट्रीय टीम का चयन करना था। इस प्रकार 1928 के ''अमर्स्टरडम ओलम्पिक'' में पर्दापण हेतु आधारशिला बनाने में बंगाल के हॉकीसंघ तथा खेलप्रेमियों ने अपना महती योगदान दिया।

इस परीक्षण मैच के फाइनल में संयुक्तप्रान्त एवं राजपूताना की टीम पहुँची थी। संयुक्त–प्रान्त के लिए यह एक अविस्मरणीय दिन था। टीम ने अपने प्रदेश के लिए प्रथम बार 'राष्ट्रीय चैम्पियन' का खिताब जीतकर नये इतिहास की सृष्टि की थी। हालाँकि उस दिन लगातार तीसरे दिन भी टीम को खेलना पड़ा। आज यदि किसी भी टीम को, चाहे वह राष्ट्रीय टीम में प्रदेशीय टीम ही क्यों न हो, लगातार तीन दिन खेलने के लिए कहा जाये, तो बवाल मच जाएगा एवं विरोध होने लगेंगे।

यह प्रदर्शनी मैच 31 के अन्तर से समाप्त हुआ। फाइनल मैच की समाप्ति तक सभी बाबूजी के खेल के कायल हो चुके थे। उस समय संयुक्त–प्रान्त व बाबूजी की भारी जय–जयकार हुई। जिस तरह से कलकत्तावासियों ने संयुक्तप्रान्त की विजय पर बधाइयाँ दी, उसे देखकर बाबूजी चकित रह गये थे। मैनेजर ए.सी. चटर्जी खुशी एवं उत्तेजना से पागल हुए जा रहे थे। कलकत्ता से रवाना, होने के पहले हॉकी के पदाधिकारियों ने हॉकी के खिलाड़ियों की एक बैठक बुलाई ताकि इस टूर्नामेंट को आगे जारी रखने के लिए विचार–विमर्श किया जा सके। हालाँकि बाबूजी उस बैठक में भाग नहीं ले सके थे। सफलता–प्राप्ति हेतु खिलाड़ियों के विचार हॉकीसंघ के

पदाधिकारियों तक पहुँचना भी आवश्यक था। बैठक के बारे में अखबारों में प्रकाशित समाचार के अनुसार भारतीय हॉकीसंघ के अध्यक्ष मेजर बर्न मुर्डोक ने सबसे पहले 'नॉक आउट पद्धति' पर मैच कराने के कारण का स्पष्टीकरण किया और कहा कि हो सकता है कि कुछ प्रदेशों में इस बात को लेकर असन्तोष हो कि टूर्नामेंट 'लीग पद्धति' पर नहीं चलाया गया। कलकत्ते के कुछ मैदानी नियमों और इस तथ्य की वजह से कि यदि 'लीग पद्धति' पर टूर्नामेंट कराया जाता, तो 'कलकत्ता फुटबाल क्लब' का मैदान ज्यादा जोर बर्दाश्त न कर पाता। अतः टूर्नामेंट ''नाक ऑउट'' पद्धति पर कराने का निर्णय लिया गया।

उस समय भारतीय हॉकीसंघ के अध्यक्ष का खिलाड़ियों एवं प्रतिनिधियों के समक्ष स्पष्टीकरण देना खेल में पारदर्शिता औरं खिलाड़ियों के आत्मबल एवं मनोबल बढ़ाने का कार्य करता था।

इस सम्मेलन में उपस्थित सदस्यों ने सर्वसम्मति से इस बात के पक्ष में अपना मत दिया था कि इस टूर्नामेंट को आगे भी जारी रखा जाये और हर दो वर्ष बाद देश के विभिन्न भागों में आयोजित किया जाये। अब भारतीय हॉकीसंघ के समक्ष धन की समस्या थी। आवश्यक धनराशि उपलब्ध नहीं हो पाने के कारण हॉकीसंघ पूरे तेरह खिलाड़ी ओलम्पिक में न भेज पाने की स्थिति में पहुँच गया। भारतीय हॉकीसंघ के कोष के लिए की गयी अपील पर बम्बई, मद्रास और बर्मा द्वारा उदासीनता के कारण उस समय पन्द्रह हजार रुपये की धनराशि कम पड़ गयी थी, जिसके कारण बाकी दो खिलाड़ी टीम के साथ जाने की स्थिति में नहीं थे। परन्तु बाद में बंगाल ने बाकी धनराशि की व्यवस्था भी पूरी करा दी, जिससे बाकी दो खिलाड़ी भी टीम के साथ जा सके।

इस प्रकार साधनविहीन, सुविधाविहीन भारतीय हॉकी टीम रास्ते में आयी सभी मुसीबतों को पार करते हुए खेल का झंडा 1928 के

'एमर्स्टरडम–ओलम्पिक' में फहराने के लिए तैयारी में जुट गयी। उन दिनों विदेश में खेलने के लिए जाने पर गर्म कपड़ों एवं किट की तैयारी खिलाड़ियों को स्वयं अपने ही खर्चे से करनी पड़ती थी।

राष्ट्रीय खिताब जीतने की खुशी घरवाले मना रहे थे। घर वालों को बाबूजी ने ओलम्पिक टीम में शामिल होने की भी सूचना दे दी थी। अब बाबूजी को घर आकर पुन: विदेश जाने की तैयारी करनी थी। घर पहुँचकर बाबूजी ने सबसे पहले अपनी माँ के चरण छुए। माँ का कलेजा खुशियों से भर गया। उन्होंने अपने बेटे को उठाकर कलेजे से लगाते हुए कहा था– 'यह शायद तुम्हारे पूर्वजन्मों के अच्छे कर्मों का एवं तुम्हारे कठिन परिश्रम, लगन एवं मेहनत का फल है कि ऐसा शुभ अवसर हमारी जिन्दगी में आया है।' घर के सभी भाई–बहनों ने भी उन्हें घेर लिया। बहनें इसलिए खुश हो रही थीं कि उनका भाई पुन: विदेश जा रहा है, भाई इसलिए प्रसन्न हो रहे थे कि उनका भाई ध्यानसिंह पुन: खेलने देश के बाहर जा रहा है।

उन्हें क्या पता था कि उनके भाई सिर्फ खेलने ही नहीं जा रहे हैं, बल्कि विश्व के हॉकी खेल के इतिहास में एक नया अध्याय जोड़ने जा रहे हैं एवं हॉकी के खेल को भारत में स्थापित कर नया इतिहास रचने जा रहे हैं, जिसका खाका ऊपर वाले ने पहले से तैयार कर रखा है।

उस समय छोटे भाई रूपसिंह की खुशी देखने लायक थी। उन्हें अपने भाई में अपनी सम्भावनाएँ दिखाई दे रही थीं। उन्होंने धीरे से अपने बड़े भाई के कानों में कहा–'मैं भी एक दिन आपके साथ चलूँगा।' बड़े भाई ने छोटे भाई के ये शब्द सुनकर गले से लगा लिया। घर में धनाभाव जरूर था, परन्तु सभी भाई–बहनों में प्रेमभाव की कमी नहीं थी। परिवार के सभी लोगों ने अपने प्यारे ध्यानसिंह को खुशी के आँसू के साथ विदा किया।'

उपर्युक्त संस्मरण मेरे चाचाजी के सबसे बड़े पुत्र श्री भगतसिंह ने दोनों भाइयों के आपसी स्नेह के बारे में मुझे बताया था। उन्होंने बताया था कि बाबूजी अपने जीवन की कई अन्तरंग बातें उन्हें सुनाया करते थे।

एमर्स्टरडम ओलम्पिक में भाग लेने हेतु निम्नलिखित खिलाड़ियों का चयन किया गया था–

गोलरक्षक एलन (बंगाल), बैक–राक (म.प्र.) और हेमण्ड (यू.पी.), हाफबैक खेरसिंह व पिन्नीगर (दोनों पंजाब), गुडसिर व कुलेन (यू.पी.), फारवर्ड – गेटले व फिरोज खान (पंजाब), ध्यानचन्द (यू.पी.), मार्थिवंस और सीमैन (दोनों यू.पी.), के.आर.ए. नौटिस (म.प्र.) तथा शौकत अली (बंगाल)।

1928 के प्रथम ओलम्पिक अमर्स्टरडम की हॉकी टीम, दाँये से बाँये तीसरे ध्यानचन्द

भारतीय हॉकी के ये तेरह खिलाड़ी रूपी कोंपल भारतीय हॉकी के पौधे को प्रतिष्ठित करने और उसके फूलों की सुगन्ध से विश्व को सुगन्धित करने के लिए ए.बी. रोजर के स्नेह एवं संरक्षण में निकल पड़े। वे भारतीय हॉकी के क्षेत्र में नया इतिहास रचने जा रहे थे। 10 मार्च को ओलम्पिक टीम पी. एण्ड ओ. 'कैसर–ए–हिन्द' जलयान पर सवार होकर विदेशी अभियान के लिए रवाना हुई। ओलम्पिक टीम को शुभकामना देने हेतु सिर्फ तीन व्यक्तियों में भारतीय हॉकीसंघ के अध्यक्ष वर्न मुर्डोक, उपाध्यक्ष सी.ई.न्यूहैम और सी. एस. भट्टाचार्य थे।

मेजर वर्न मुर्डोक ने भारतीय हॉकी को विकसित करने में महत्त्वपूर्ण योगदान दिया था। भारतीय हॉकी सदैव उनकी ऋणी रहेगी। उनके लगन एवं

ध्यानचन्द को मिले पदकों की शृंखला

उत्साह के बिना भारतीय हॉकीसंघ 1926 में प्रात: का प्रकाश भी न देख पाता, न ही भारतीय सैनिक टीम न्यूजीलैण्ड का भ्रमण ही कर पाती एवं न ही भारत अपनी टीम 1928 के ''अमर्स्टरडम'' में भेज पाता।

चार्ल्स न्यूहैम पंजाब हॉकीसंघ के प्रथम अध्यक्ष थे तथा पंजाब हॉकीसंघ की स्थापना में उनका महत्त्वपूर्ण योगदान था। वे भारतीय हॉकीसंघ के उपाध्यक्ष भी थे और ''अमर्स्टरडम'' के ओलम्पिक खेलों में भारत के विषय में उन्होंने गहन दिलचस्पी ली थी। चार्ल्स पेशे से पत्रकार थे और लाहौर में सैनिक एवं सरकारी गजट के सम्पादक थे। बाद में इलाहाबाद के ''पायनियर'' की सम्पादकीय जिम्मेदारी उन्होंने सम्हाल ली थी।

तीसरे व्यक्ति भट्टाचार्य भी 'टाइम्स ऑफ इण्डिया' में थे। उनके पिता स्व. एन.आर. भट्टाचार्य बंगाल हॉकीसंघ के संस्थापक महामंत्री थे और कलकत्ता से प्रकाशित होने वाले ''इण्डियन डेली न्यूज'' के सम्पादकीय में थे। हिन्दुस्तान की 40 करोड़ की आबादी वाले देश में केवल ये तीन ही लोग थे, जिन्होंने ओलम्पिक सम्मान जीतने के लिए स्व. ए.बी. रोजर के पितृवत् स्नेह एवं संरक्षण में जाने वाले तेरह खिलाड़ियों को 'बैलार्ड पियर' पर जाकर विदाई एवं शुभकामनाएँ देना अपने कर्त्तव्य का एक भाग समझा था।

Here are India's Olympic Hockey players as they were greeted at the Hollywood Knickerbocker Hotel on their arrival for the 10th Olympiad. Left to right, bottom row, are DHYAN CHAND and GURMIT SINGH, athletes, MRS. G. D. SONDHI, who represents the women of the Indian Olympic Association, MISS DOROTHY CHRISTY, screen actress who received them, and P. GUPTA, assistant manager of the team; back row, left to right, LAL CHAND MEHRA, official attache for India, G. D. SONDHI, head of the Indian delegation, A. M. HAYMAN, president of the Hockey Federation in India, and RUP SINGH, athlete.

'द लीजेंड लीभस् आन' नामक पुस्तक में निकेत भूषण ने लिखा है—

'सन् 1928 में अमर्स्टरडम ओलम्पिक में भाग लेने हेतु "कैसर हिन्द" नामक जलयान ओलम्पिक खिलाड़ियों को लेकर तिलवरी बन्दरगाह पहुँचा। वहाँ टीम करीब तीन सप्ताह तक रही। इंगलैंड में भारतीय टीम ने 11 अभ्यास मैच खेले, जिसमें 9 मैच जीते, एक हारे तथा एक मैच ड्रा हुआ ।

ध्यानचन्द खेल के कौशल से प्रभावित होकर वहाँ के प्रैस ने उन्हें हॉकी का जादूगर कहा तथा वहाँ की महारानी ने अपना छाता देकर हैंडिल को हॉकी बनाकर खेलने का आग्रह किया। ध्यानचन्द ने सहर्ष छाते के हैंडिल को स्टिक बनाकर खेला तथा बाकायदा, गोल बनाये।'

आधे दशक के बाद न्यूजीलैण्ड के दौरे पर जब अशोक कुमार गये, तो वहाँ उन्हें यह देखकर काफी आश्चर्य हुआ कि उनके पिता के सन् 1926 के न्यूजीलैण्ड भ्रमण से संबंधित कई चित्र, वहाँ के हॉकी क्लब में लगे हुए थे। उसी समय वहाँ उन्हें एक और घटना रोमांचित कर गई। अशोक कुमार को देखकर उनके पास एक व्यक्ति आया। उसने उन्हें कुछ लकड़ी के टुकड़े दिखाये तथा बताया कि ये लकड़ी के टुकड़े उस समय के हैं, जब मेजर ध्यानचन्द सन् 1926 के दौरे पर न्यूजीलैण्ड आये थे। खेलते समय खेल के मैदान में उनकी हॉकी स्टिक टूट गई थी। उस समय खेल के मैदान से कई खेलप्रेमी हॉकी के टुकड़े उठाकर ले गए थे, जिन्हें अब तक सुरक्षित रखा था। उन्हीं टुकड़ों में से एक टुकड़ा उस व्यक्ति के हाथ में था। ○○

फोकस्टोन-महोत्सव : इंग्लैण्ड की पराजय

''कैसर–ए–हिन्द'' भारतीय ओलम्पिक खिलाडियों को लेकर चल पड़ा। बाबूजी एवं अन्य खिलाड़ियों को रास्ते में पड़े ''स्वेजनहर'' ने काफी आकर्षित किया। टीम के सब लोगों ने विश्व की महान् इंजीनियरी की देन ''स्वेजनहर'' को अपनी आँखों से देखा। जैसे ही जहाज फ्रांस के महान् इंजीनियर और स्वेजनहर के निर्माता ''फरडीनेण्ड–डी–लेसेप्स'' की भव्य मूर्ति के सामने से गुजरा, टीम के लोगों ने जहाज की छत पर पंक्तिबद्ध खड़े होकर उनकी ओर तेजी से सैल्यूट किया।

30 मार्च 1928 को जहाज ने 'तिलवरी' बन्दरगाह पर अपना लंगर डाल दिया। बम्बई (वर्तमान नाम मुंबई) की ही तरह लंदन में भी टीम को कोई बड़ा गर्मजोशी वाला स्वागत प्राप्त नहीं हुआ। ठंड और कोहरे से उस सुबह टीम के लोग अपने–अपने पास उपलब्ध कपड़ों में लिपटे हुए, जलयान से उतरे। गर्म कपड़ों के नाम पर उन लोगों के पास कोट, ओवरकोट, स्वेटर, मफलर आदि थे एवं कुछ तो कम्बल में ही लिपटे थे।

इंगलिश हॉकीसंघ के अवैतनिक सचिव श्री डब्लू.एफ. स्मिथ ने भारतीय ओलम्पिक हॉकी टीम के कप्तान जयपाल सिंह तथा श्री एस.एम. युसूफ, जो बाद में टीम के साथ मिल गये थे एवं श्री एस.एच. शोवेलर, इंग्लैंड की हॉकी

के महानतम सेंटर फारवर्ड श्री एम.सी. मेजर रिकेट्स व इंग्लैंड, वेल्स, स्काटलैण्ड और आयरलैण्ड के हॉकीसंघों के प्रतिनिधियों तथा कुछ अन्य लोगों ने भारतीय टीम का स्वागत किया।

अमर्स्टरडम के लिए रवाना होने के पूर्व भारतीय हॉकी टीम ने इंग्लैंड के सर्वोत्तम हॉकी–महोत्सव, जिसे "फोकस्टोन–उत्सव" के नाम से जाना जाता है, में भी भाग लिया। यह महोत्सव 31 मार्च से लेकर 21 अप्रैल तक मनाया गया।

1928 के अमर्स्टरडम ओलम्पिक के लिए प्रस्थान करने से पहले इंग्लैंड में खेले गये भारतीय हॉकी टीम के मैचों के परिणामों की तालिका निम्नलिखित है–

(1) 31 मार्च – एल्डर शामे में – संयुक्त सेना के खिलाफ 1–2 से पराजित।

(2) 2 अप्रैल – मर्टन ऐवे में – लंदन एकादश को 5–2 से हराया।

(3) 4 अप्रैल – मर्टन ऐवे में – एग्लो एकादश को 7–3 से हराया।

(4) 6 अप्रैल – फोकस्टोन में – ओल्डसे रोसायलियंस को 17–0 से हराया।

(5) 7 अप्रैल – फोकस्टोन में – मिस्टिक्स को 7–0 से हराया।

(6) 8 अप्रैल – फोकस्टोन में – संघर्ष एकादश से 3–3 पर अनिर्णीत।

(7) 9 अप्रैल – फोकस्टोन में – फ्रेन फोर्ड एस.सी. को 2–0 से हराया।

(8) 10 अप्रैल – फोकस्टोन में – हॉकीसंघ एकादश को 4–0 से हराया।

(9) 14 अप्रैल – मर्टन ऐवे में – संयुक्त लंदन विश्वविद्यालय और अस्पताल एकादश को 7–3 से हराया।

(10) 18 अप्रैल – मर्टन ऐवे में – एंग्लो आइरिश को 12–4 से हराया।

(11) 21 अप्रैल – मर्टन ऐवे में – हसलम एकादश को 7–1 हराया।

इस प्रकार अंग्रेज हॉकीसंघ एकादश को 2 के मुकाबले 5 गोलों से हराना, उस समय गर्व तथा अभिमान की बात थी, क्योंकि अपराजेय ब्रितानिया हुकूमत के अंग्रेज खिलाड़ियों के चेहरे शर्म से झुक गये थे। इसी महोत्सव में जैसाकि हमने ऊपर देखा है, भारतीय टीम ने ओल्ड रोसालियंस की टीम को शून्य के मुकाबले 17 गोलों से रौंद डाला था।

अंग्रेजों व स्काटलैण्ड की मिली–जुली टीम 'एंग्लो स्काट एकादश' को बाबूजी के बेहतरीन खेल की बदौलत भारतीय टीम ने 3 के मुकाबले 7 गोलों से हराया। 'संयुक्त एंग्लो आइरिश एकादश' को भारतीय टीम ने 4 के मुकाबले 12 गोलों से रौंदा।

उस दौर में बाबूजी ने अपनी खेल की कला से अंग्रेजों के दाँत खट्टे करके यह साबित कर दिया था कि भले ही भारत अंग्रेजों की गुलामी की जंजीर में जकड़ा हो, लेकिन हॉकी खेल के हर क्षेत्र में उन्हें स्वाभिमान के साथ परास्त किया जा सकता है।

भारतीय टीम ने अमर्स्टरडम पहुँच कर पहले तीन दिन वहाँ के होटल में आराम किया। भारतीय टीम और खासकर बाबूजी के सपनों का दिन 17 मई को आया। इस दिन सब लोग ओलम्पिक में अपना दॉव लगाने के लिए पूर्ण आत्मविश्वास के साथ स्टेडियम में उतरे थे। 'फोकस्टोम–महोत्सव' में हार का झटका इंग्लैण्ड को इतने जोरों से लगा कि उसने ओलम्पिक खेलों में अपनी टीम ही नहीं उतारी।

उस समय हिन्दुस्तान में बहुत से लोग ओलम्पिक में भारत के भाग लेने के प्रश्न पर तीखी आलोचना कर रहे थे और बहुतों को हॉकी टीम की

सफलता पर सन्देह था। अन्तिम समय में सारे खिलाड़ी चुस्त–दुरुस्त थे और विश्व को बताना चाहते थे कि हॉकी की कला में भारत महानतम् है।

अमर्स्टरडम ओलम्पिक में पहले दिन भारतीय टीम का मुकाबला आस्ट्रिया एकादश से था। इस मैच में भारतीय टीम ने विपक्षी टीम को पूरे–पूरे 6 गोलों से पराजित किया था, जिसमें बाबूजी ने चार गोल किये थे। शौकतअली तथा गेटले ने बाकी के दो गोल किये थे।

अगला मैच बेल्जियम के साथ 18 मई को था। इस मैच में भारतीय टीम में जयपाल सिंह ने ओलम्पिक में पहला मैच खेला था और रॉक के साथ उन्होंने साझेदारी की थी। इस मैच में भारत ने बेल्जियम को नौ गोलों से हराया था।

20 मई को डेनमार्क के साथ भारतीय टीम ने खेला। भारत ने डेनमार्क के साथ खेलते हुए डेनमार्क को शून्य के मुकाबले पाँच गोलों से हराया। ओलम्पिक के तीन लगातार मैचों में भारत के खिलाफ कोई भी देश एक गोल भी न कर सका, अगले दो मैचों में भी यही स्थिति रही। डेनमार्क के बाद सेमीफाइनल में भारत को स्विट्जरलैण्ड का मुकाबला करना पड़ा।

स्विटजरलैण्ड के खिलाफ सेमीफाइनल 22 मई को खेला गया, जिसमें अपने विपक्षी को भारत ने शून्य के मुकाबले 6 गोलों से पराजित किया। स्विटजरलैण्ड को पराजित कर भारतीय टीम फाइनल में प्रवेश कर गई। फाइनल मैच 26 मई को खेला गया। उस दिन भारत को हालैण्ड का मुकाबला करना पड़ा। फाइनल में भारत ने हालैण्ड को पूरे तीन गोलों से पराजित किया।

परन्तु फाइनल मैच के दिन भारतीय टीम को कठिन परिस्थितियों से जूझना पड़ा था, क्योंकि जिस टीम को हालैण्ड से खेलना था, वह

अपने–आप में पूर्ण नहीं थी। फिरोजखान, शौकतअली और खेरसिंह बीमार थे तथा जयपाल सिंह उपलब्ध नहीं थे। बाबूजी स्वयं भी बीमार थे। उन्हें बहुत तेज बुखार था। ऐसी परिस्थितियों में टीम के मैनेजर ने एक नारा बुलंद किया–'करो या मरो' और बाबूजी ने मन ही मन यह निश्चित किया कि अगर मरना है, तो वे खेलते हुए ही मरेंगे। पेशे से वे एक सिपाही थे और जब देश की इज्जत ही दाँव पर लगी हो, तो इसके सिवाय और कोई चारा ही नहीं रह जाता है। वे अदम्य साहस के साथ खेल के युद्ध में कूद पड़े और हॉलैण्ड करे 3–0 से हराया, जिसमें ध्यानचन्द ने दो गोल किये।

भारतीय हॉकी के इतिहास में यह एक स्वर्णिम दिन था। गोलरक्षक एलन ने भी इस ओलम्पिक में कीर्तिमान स्थापित किया, क्योंकि अपने खिलाफ खेले गये पाँच मैचों में उन्होंने एक भी गोल न होने दिया, जो कि उस समय एक रिकार्ड था। इस प्रकार 26 मई 1928 को सारे हॉकी जगत् में भारत की महानता स्वीकार कर ली गई और भारत को विश्वचैम्पियन का खिताब प्राप्त हो गया।

इतिहास में यह दिन भारतीय हॉकी खेल को स्वर्णिम अक्षरों में लिखा जाने वाला दिन था। गुलाम भारत के खिलाड़ियों ने पूरे विश्व को यह बता दिया था कि भारत की स्वतंत्रता को परिस्थितियों के चलते गुलाम बनाया जा सकता है, लेकिन भारतीयों के अन्दर बहते लहू की गर्मी, पूरे यूरोपीय देशों को झुलसा सकती है और उन्हें हारने को मजबूर कर सकती है।

और, भारत माँ के सिर पर वह ताज सज गया, जिसकी चमक आज भी धूमिल नहीं हुई है। आज भी हम ओलम्पिक खेलों में भारतीय हॉकी खिलाड़ियों के द्वारा बनाये गये कीर्तिमान को याद करके रोमांचित हो जाते हैं, हमारा सिर गौरव से ऊँचा उठ जाता है। इसके बाद शुरू हुआ आगे ओलम्पिक खेलों में स्वर्णपदक हासिल करने का सिलसिला। भारतीय टीम के मैनेजर

रोजर जिन्होंने एमर्स्टरडम भ्रमण की समाप्ति पर अपनी रिपोर्ट पेश की थी, उसके अनुसार "भारतीय टीम के द्वारा किये गये हॉकी कला के प्रदर्शन ने यूरोप के देशों को प्रभावित तो किया ही, साथ ही मंत्रमुग्ध भी कर दिया था। उन्होंने यह भी साबित कर दिया कि अपनी तीक्ष्ण दृष्टि, फुर्ती, चुस्तगति और टीम वर्क के अलावा वैज्ञानिक और तकनीकी हॉकी सही सामंजस्यपूर्ण तरीके व एक दूसरे को समझते हुए यह खेल खेला जाये, तो क्या-क्या नहीं सम्भव हो सकता है, इस महान् खेल में।"

कुछ खास बातें जिन्होंने इंग्लैण्ड के खिलाड़ियों को प्रभावित किया था, वह थीं– खिलाड़ी की अपनी-अपनी पोजीशन का खेल, आक्रमणपंक्ति का व रक्षकपंक्ति का फुलबैक से तालमेल और पीछे हटकर विपक्षी को रोकना, तेज गति और गेंद मिलते ही पास देना, कुशल स्टिकवर्क, आक्रमण और क्षेत्र-रक्षण दोनों में ही तेजी, उद्देश्य की ओर तेजी से भाग जाना और कुछ घटने के पहले ही उसका अनुमान लगा लेना। गेंद को रोकने के लिए प्रायः हाथ का उपयोग और विपक्षी रक्षणपंक्ति को तहस-नहस करने के लिए तेज आक्रमण। यह सब गुण थे, इस टीम में।

स्वाभाविक था कि अपनी इस विजय के पश्चात् भारतीय खिलाड़ियों ने यह महसूस किया ''कि हम अपने देश के लिए कुछ कर पायें – कुछ ऐसी चीज हमने अपने देश के लिए प्राप्त कर ली है, जो कि शायद उस समय राजनीतिज्ञ भी प्राप्त न कर पाये थे।''

'द लीजैंड लीभस् ऑन' नामक पुस्तक में निकेतभूषण ने इस खेल का उल्लेख करते हुए लिखा है कि सन् 1928 के उस ओलम्पिक खेल को याद करते हुए ध्यानचन्द ने बताया था–

"मैं तेज बुखार से पीड़ित था, उस दिन खेल के लिए मैनेजर ए.बी. रोजर ने नारा दिया था– 'करो या मरो'। पेशे से सिपाही होने के कारण जब देश

की इज्जत दाँव पर लगी हो, तो खेल के मैदान में अपने आपको झोंक देना ही हमारा धर्म था"।

'करीब 50 हजार दर्शक मैच देखने के लिए एकत्रित हुए थे। भारत ने उच्चकोटि के खेल का प्रदर्शन करते हुए हालैंड को 3–0 से हरा दिया था। परन्तु हालैंड ने भी अच्छे खेल का प्रदर्शन किया था, जिसने ध्यानचन्द को अत्यधिक प्रभावित किया था। गोलकीपर एलन ने उत्कृष्ट खेल का प्रदर्शन करते हुए अपने देश के विरुद्ध एक भी गोल नहीं होने दिया था।'

इस खेल के बार में इंग्लैंड के समाचार–पत्र ने लिखा था "यह हॉकी का खेल नहीं, बल्कि एक जादू था और ध्यानचन्द सही मायने में ऐसा जादू करने वाले जादूगर थे। एक दूसरे समाचार–पत्र ने लिखा था– "यह ध्यान देने की बात नहीं है कि ध्यानचन्द ने कितने गोल किये बल्कि ध्यान देने की बात यह है कि गोल किस प्रकार किये गये"।

"एक बार एक आर्मी मैच में मध्यांतर में ध्यानचन्द एक अंग्रेज खिलाड़ी से बातचीत कर रहे थे। इसी बीच एक ब्रिटिश अधिकारी की पत्नी ने ध्यानचन्द की हॉकी स्टिक को बदल दिया, परन्तु ध्यानचन्द के खेल में स्टिक बदलने का कोई प्रभाव नहीं पड़ा। उन्होंने नई स्टिक के साथ भी मध्यांतर के बाद उसी प्रकार दनादन गोल किये"।

हॉलैण्ड से लौटने के समय भारतीय टीम पुनः वापस होते समय इग्लैण्ड पहुँची। अबकी बार भी इंग्लैण्ड ने टीम की ओर ध्यान नहीं दिया।

भारतीय टीम के मैनेजर श्री रोजर ने अपनी रिपोर्ट में लिखा था कि ''इंग्लैण्ड पहुँचने पर भारतीय प्रतिनिधियों का किया जाना वाला स्वागत, मेरा विचार है अब भी विचाराधीन है। इसलिए अब मैं इस पर और किसी टिप्पणी से बचना चाहूँगा।''

भारतीय टीम के भारत पहुँचने पर भारतीय दल का विजयोचित स्वागत–सम्मान हुआ। अमर्स्टरडम रवाना होते समय मुम्बई में 10 मार्च को जिस तरह मात्र तीन व्यक्तियों द्वारा सूनी–सूनी उत्साहहीन विदाई इस टीम को मिली थी, उसमें काफी परिवर्तन आ चुका था। ''माले'' स्टेशन पर इतनी भीड़ थी कि वहाँ सिरों के अलावा कुछ और दिखाई दे ही नहीं रहा था। भीड़ उद्घोष करके अभिनन्दन कर रही थी। उस समय के ख्यातिप्राप्त चिकित्साशास्त्री व राजनीतिज्ञ डा. जी.वी. देशमुख भारतीय हॉकी टीम का स्वागत करने के लिए उपस्थित थे। उस समय वे मुम्बई के महापौर थे। मुम्बई के राज्यपाल ने अपने एक विशेष दूत के मार्फत बधाई–संदेश भेजा था। इसके अलावा भारतीय राजनीति के जमनादास मेहता और स्व. बैंजामिन गुई हार्नी मैन भी वहाँ पहुँचे थे।

हॉलैण्ड में बाबूजी कितने लोकप्रिय और आदरणीय थे, इसका संस्मरण सुनाते हुए उनके सुपुत्र हॉकी खिलाड़ी अशोक सिंह ने बताया कि सन् 1998 में हॉलैण्ड में एक हॉकी मैच हॉलैण्ड तथा स्पेन के बीच खेला जा रहा था। उस मैच को मैं देख रहा था, मेरे साथ की दो सीटें खाली पड़ी थीं। तभी एक वृद्ध जोड़ा उन पर आकर बैठ गया। अचानक मेरी निगाह उन पर गई। मैने देखा, वृद्ध जोड़े में से एक ने भारतीय हॉकी की टाई पहन रखी थी। मैंने उत्सुकतावश उनसे पूछा– "यह भारतीय हॉकी की टाई आपके गले में कैसे?" उन वृद्ध सज्जन ने हँसते हुए गर्व से जवाब दिया– "इस भारतीय टाई को सन् 1928 के ओलम्पिक खेल में मेजर ध्यानचन्द ने मुझे उपहार स्वरूप दिया था। उस मैच में मैने उनके विरुद्ध हॉकी खेली थी। तब से लेकर अब तक इस टाई को मैं सम्हाल कर रखता हूँ। जब भी मैं कोई हॉकी मैच देखने जाता हूँ, तो इस टाई को अवश्य ही पहन कर जाता हूँ। इसमें मेजर ध्यानचन्द की याद बसी हुई है।"

उनके इस जवाब पर मैं दंग रह गया। जब मैंने उन्हें बताया कि मैं मेजर ध्यानचन्द का पुत्र हूँ, तो उनकी प्रतिक्रिया क्या रही होगी? इसका सहज ही अनुमान लगाया जा सकता है। उनकी आँखों में खुशी के आँसू भर गये तथा मुझसे हाथ मिलाते हुए उन्होंने मुझे गले से लगा लिया। मुझे ऐसा लगा कि बाबूजी (ध्यानचन्द) सिर्फ भारत के ही नहीं हैं, बल्कि उनके खेल प्रेमी पूरे विश्व में फैले हैं और उनकी निशानियों को कलेजे से लगा रखा है।

OO

रूपसिंह और हॉकी

अमर्स्टरडम ओलम्पिक खेल से लौटने के बाद बाबूजी ने कुछ दिन झाँसी में बिताये। झाँसी में ओलम्पिक–विजय की कहानी सुनने के लिए भारी तादाद में हॉकी खिलाड़ी और स्कूली बच्चे उनके घर के चक्कर लगाया करते थे।

इस बार उन्होंने छोटे भाई रूपसिंह में एक खास परिवर्तन देखा। अक्सर वे हॉकी खिलाड़ियों के बीच ओलम्पिक की बातें सुनने के लिए उनके कमरे में आ जाते थे। उनके छोटे भाई रूपसिंह ने काफी गम्भीरता से हॉकी खेलना प्रारम्भ कर दिया था। अपने बड़े भाई ध्यानचन्द के नक्शे–कदम पर चलते हुए एक उत्कृष्ट हॉकी खिलाड़ी बनने का सपना उनकी आँखों के सामने तैरने लगा था।

कैप्टन रूपसिंह

वे हॉकी के सबक स्वयं ही अपनी कल्पना से बनाया करते थे और अपनी टीम के साथियों के बीच झाँसी में वह अभ्यास किया करते थे। उन्होंने अपनी माताजी (श्रीमती श्यामा देवी) से कहा था– 'यदि वे कर सके, तो हॉकी में ध्यानचन्द (बाबूजी) की ख्याति और लोकप्रियता को और

बायें से खेलते हुए दूसरे नम्बर पर रूपसिंह, गोल दागते हुए

आगे बढ़ाएँगे, साथ ही रूपसिंह (चाचाजी) ने माताजी, पिताजी और घर के अन्य सदस्यों से यह भी कहा था कि वे भी ऐसा ही करने को संकल्पबद्ध हैं, जैसाकि बाबूजी ने खेल के लिए किया है। रूपसिंह (चाचाजी) को हॉकी के महान् खिलाड़ी के रूप में अवतरित होने की प्रेरणा बड़े भाई से ही प्राप्त हुई थी। हालाँकि, बाबूजी को उन्हें हॉकी की कला सिखाने का समय नहीं मिल पाता था, लेकिन फिर भी जब चाचाजी को गलत तरीके से खेलते हुए पाते, तो उन्हें डाँट और प्यार दोनों तरीकों से सही तरीका समझाने का प्रयास करते थे।

"तू कितना कमजोर हो गया रे"

यशस्वी जगजाहिर कालजयी ध्यानचन्द व रूपसिंह आला खिलाड़ी ही नहीं अपितु दो शरीर एक आत्मा भी थे। दूसरों को खिलाना और स्वयं भूखे सो जाना इस वैश्य क्षत्रीय परिवार की परम्परा रही है। दद्दा ध्यानचन्द (बाबूजी) रूपसिंह से अगाध स्नेह करते थे। रूपसिंह को वह अपने से बड़ा खिलाड़ी मानते थे। रूपसिंह हीरोज क्लब से हॉकी का ककहरा पढ़कर

1930 में ग्वालियर चले गये। रूपसिंह को लेकर बाबूजी बहुत परेशान रहते थे। ग्वालियर से झाँसी पहुँचने पर बाबूजी एवं रूपसिंह का प्यार देखते ही बनता था।

रूपसिंह को देखते ही बाबूजी का प्यार परवान चढ़ जाता था। उनके मुँह से यह शब्द– 'रूप! तू कितना कमजोर हो गया रे। तुम यहीं आ जाओ, छोड़ो ग्वालियर"। अगाध प्रेम की निशानी है यह। 'बाबूजी' रूपसिंह की स्वयं मालिश करते और कहते– 'तुम बहुत कमजोर हो गए हो।' साथ ही दोनों भाई साथ–साथ खाते और एक दूसरे को खिलाते थे।

रूपसिंह (चाचाजी) का संक्षिप्त विवरण इस प्रकार है–

जन्म तिथि	– 8 सितम्बर 1908– जबलपुर (म0 प्र0)
मृत्यु तिथि	– 16–12–1977
मृत्यु का कारण	– रात में सोने के बाद, सुबह अचानक मृत्यु
मृत्यु स्थान	– ग्वालियर
व्यवसाय	– महाराजा सिंधिया की सेना में कार्यरत प्रथम खेल की शुरुआत, हीरोज क्लब, झाँसी से।

रूपसिंह ऐसे भारतीय खिलाड़ी हैं, जिनके नाम पर सन् 1972 में जर्मनी के म्यूनिरख शहर में सड़क का नाम कैप्टन रूपसिंह मार्ग रखा गया है।

उस समय बाबूजी के पास उनके पंजाब रेजीमेंट की बैरक के अधिकारियों से लेकर सिपाही तक, सभी उनसे ओलम्पिक–मैच और विदेशभ्रमण के अनुभव सुनने के लिए मजमा लगाये रहते थे।

जब भारतीय हॉकी संघ ने 1932 के लॉस एंजल्स में होने वाले ओलम्पिक में भारतीय टीम भेजने और अपने विश्वविजयी खिताब की रक्षा का निर्णय लिया, तो उस समय बाबूजी उत्तर की ओर पहाड़ों पर अपनी

रेजीमेंट के साथ थे। पहाड़ों पर उनको समाचार–पत्र पढ़ने को नहीं मिल पाता था। किन्तु अपने अधिकारियों, मित्रों एवं सहयोगी सिपाहियों के माध्यम से घटनाओं की जानकारी अवश्य मिलती रहती थी।

OO

लॉस एंजेल्स की विजय

1932 के लॉस एंजेल्स में भाग लेने हेतु पुनः भारतीय हॉकीसंघ के समक्ष कई संकट पैदा हो गये थे तथा भारतीय हॉकीसंघ दुविधा की स्थिति में थी।

दुविधा का पहला कारण था, आलोचकों की यह सोच कि एंजेल्स ओलम्पिक में हॉकी–प्रतियोगिता हेतु अधिकांश देश भाग नहीं लेगें। इसलिए मोटी रकम खर्च करके भारतीय टीम को भेजने में कोई फायदा नहीं होगा।

दूसरा कारण था, लॉस एंजेल्स की भारत से अमर्स्टरडम की दूरी दुगुनी थी। स्वाभाविक था, खर्च भी दुगुना पड़ता। अमर्स्टरडम जाने के समय भी भारतीय हॉकीसंघ को धन की व्यवस्था करने में अनेक कठिनाइयों का सामना करना पड़ा था।

1932 में लॉस एंजेल्स ओलम्पिक में ध्यानचन्द को प्राप्त मैडल

लॉस एंजेल्स के ओलम्पिक में भारतीय टीम को शामिल करने के प्रयत्न में कुछ लोगों के योगदान को भुलाया नहीं जा सकता है।

भारतीय हॉकी के स्वर्णिम इतिहास के परदे के पीछे कई लोगों का योगदान रहा है, जिसकी जानकारी जन–सामान्य को नहीं है। प्रथम श्री ए.एम. हेमैन जो उस समय रेलवे बोर्ड के बहुत प्रभावशाली व्यक्तियों व हस्तियों में से एक थे तथा भारतीय हॉकीसंघ के अध्यक्ष थे। लॉस एंजेल्स ओलम्पिक की सफलता में उनके योगदान को भुलाया नहीं जा सकता है।

द्वितीय श्री पंकज गुप्ता उस समय हॉकीसंघ के अवैतनिक सचिव थे। इन दोनों महानुभावों के दृढ़ निश्चय तथा संकल्प का ही नतीजा था कि धन की कमी के बावजूद भारतीय टीम लॉस एंजेल्स जा सकी। इन दोनों ने धनराशि के प्रबन्ध की जिम्मेदारी अपने ऊपर ले ली थी।

आजकल की तरह उन दिनों भी देश के सर्वोच्च नेता खेलकूदों में बहुत ही कम दिलचस्पी लिया करते थे। अतः सरकार की तरफ से सहायता प्राप्त होने का सवाल ही नहीं था। हेमैन तथा पंकज गुप्ता ने प्रयत्न करके पंजाब नेशनल बैंक से ऋण का प्रबन्ध किया। पंजाब नैशनल बैंक ऐसे कार्य के लिए ऋण देने को तैयार हो गया, जिसके बदले में भारतीय हॉकी टीम को उस समय मिलता ''राष्ट्रीय गौरव'' या ''निराशाजनक हार''। अतः सभी तरह के सम्मान और इज्जत के पात्र हेमैन तथा पंकज गुप्ता थे, जिनके प्रयत्नों के कारण ऋण की व्यवस्था हो सकी तथा ऋण प्रदान करने के लिए पंजाब नैशनल बैंक भी बधाई का पात्र था, जिसने उदारता से इस अनुत्पादक कार्य के लिए भी ऋण दिया।

तीसरा बधाई का पात्र था ''बंगाल हॉकीसंघ'', जिसने अन्तरप्रान्तीय हॉकी टूर्नमिंट कराने व ओलम्पिक के विदेशभ्रमण के लिए पैसा जुटाने की जिम्मेदारी पुनः अपने ऊपर ले ली। कोई भी दूसरा प्रान्त उस समय इस अश्वमेध–यज्ञ में हाथ बँटाने को तैयार नहीं था। एक बार पुनः भारतीय हॉकीसंघ को बंगाल को पुकार लगानी पड़ी। बंगाल ने ओलम्पिक–भ्रमण के

खर्चे के लिए 2100.00 रुपये दिये। उस जमाने में 2100.00 रु. भी काफी महत्त्व रखता था।

सन् 1932 के कलकत्ते में धन जुटाने के लिए आयोजित अन्तरप्रान्तीय हॉकी टूर्नामेंट में दस टीमों ने भाग लिया था, जिसका परिणाम निम्नलिखित था–

बंगाल ने सिंध को हराया 1–0 से,
बम्बई ने राजपूताना को हराया 2–3 से,
दिल्ली ने ग्वालियर को हराया 6–1 से,
पंजाब ने रेलवे को हराया 7–1 से,
संयुक्तप्रान्त ने बिहार और उड़ीसा को हराया 4–0 से,
बंगाल ने दिल्ली को हराया 4–0 से,
बंगाल ने बम्बई को हराया 2–1 से,
यू.पी. और पंजाब के मध्य मैच अर्निणीत रहा 2–2 से,
पुनः हुए मैच में पंजाब ने यू.पी. को हराया 9–1 से,
फाइनल में पंजाब ने बंगाल को 2–9 से हराया।

प्रान्तीय टूर्नामेंट के बाद ओलम्पिक टीम के चयन के लिए दो परीक्षण मैच कराये गये। उपर्युक्त मैच के पश्चात् लॉस एंजेल्स जाने वाली ओलम्पिक टीम के खिलाड़ियों के नाम की घोषणा की गई।

OO

बाबूजी बिना ट्रायल टीम में शामिल

सन् 1932 के लॉस एंजेल्स जाने वाली टीम के चयन हेतु आयोजित अन्तरप्रान्तीय टूर्नामेंट में बाबूजी को सम्मिलित होने से सेना के अधिकारियों ने मना कर दिया था, क्योंकि उस समय वे पलटन फ्रंटियर में तैनात थे। वे सोचने लग गये थे कि वे अब ओलम्पिक में नहीं खेल पाएँगे, लेकिन तब उनके आश्चर्य और खुशी की सीमा नहीं रही, जब उन्होंने अपना नाम समाचार–पत्र में लॉस एंजेल्स जाने वाले खिलाड़ियों की सूची में देखा। रूपसिंह को भी यू.पी. की ओर से ओलम्पिक टीम में शामिल किया गया था।

इस प्रकार लॉस एंजेल्स में भाग लेने वाले निम्नलिखित खिलाड़ी थे –

गोल – आर.जे. एलन (बंगाल) और ए.सी. हिन्द (पंजाब), बैक, सी.तापसेल (बंगाल), एल.सी. हेमेंड (यू.पी.) और एस. असलम (पंजाब), ऑफ बैक – एफ. ब्रूडन (बम्बई), व एस. लाल बुखारी (कप्तान) (पंजाब), मासूद मिन्हास, ई.सी. पिन्नीगर, 'फारवर्ड' – अए.जे कार (रेलवे) गुरमीत सिंह (पंजाब), ध्यानचन्द (सेना), रूपसिंह (यू.पी.), एस.एम. जाफर (पंजाब) और डब्लू.पी. सल्लीवन (बम्बई)।

1932 के लास एंजेल्स ओलम्पिक हॉकी टीम के खिलाड़ी, ध्यानचन्द जहाज के डेक पर सबसे दांये खड़े हुए

लाहौर राजकीय कॉलेज के प्रोफेसर और भारतीय ओलम्पिक संघ के अवैतनिक सचिव श्री जी.डी. सोंधी को भारतीय टीम का मैनेजर नियुक्त किया गया था तथा श्री पंकज गुप्ता गैर खिलाड़ी कप्तान व मैनेजर (सहायक) बनाये गये थे।

श्री सोंधी के साथ श्रीमती सोंधी भी थीं, अतः वे टीम से अधिकतर अलग रहते थे तथा अन्त में यूरोप में उन्होंने टीम का साथ छोड़ दिया था, परन्तु वास्तविक रूप से जब से टीम ने भारत से प्रस्थान किया, तब से लेकर लौटने तक के पूरे दौर का प्रबन्ध श्री पंकज गुप्ता ने ही किया था। इस प्रकार ओलम्पिक खेल के विकास एवं वृद्धि के लिए सारा हिन्दुस्तान उनका ऋणी रहेगा।

यद्यपि श्री सोंधी के सान्निध्य में भी टीम जितना रहना चाहती थी, रह नहीं पायी। किन्तु खेल के अलावा भी भारतीय टीम की हर गतिविधियों में वे मार्गदर्शक, मित्र एवं गाइड रहे।

भारतीय हॉकीसंघ के अध्यक्ष श्री हेमैन व्यक्तिगत रूप से यात्रा पर टीम के साथ रहे और उन्हें अपने मध्य पाकर सभी बड़े प्रसन्न रहे। जब कभी टीम के लोगों को आर्थिक तंगी महसूस हुई, उन्होंने इन लोगों की बड़ी मदद की। अधिकतर खिलाड़ी मध्यम श्रेणी के परिवारों से थे। अतः अजनवी प्रदेशों में उन्हें अकसर अपनी खाली जेबों के लिये कोई सहारा चाहिए था। श्री हेमैन ने उनकी खाली जेबों को भरने के लिए अपनी थैली की रस्सी ढीली करने में कोई कोर–कसर बाकी न रखी।

विशेष वेश–भूषा

सन् 1932 के लॉस एंजेल्स ओलम्पिक की प्रमुख विशेषता थी, खिलाड़ियों की विशेष वेशभूषा। यह विशेष वेशभूषा टीम के मैनेजर श्री जी.डी. सोंधी की कल्पनाशीलता रही होगी, जिसे बाद में भारतीय ओलम्पिक संघ ने स्वीकृत कर लिया। टीम के लोगों के लिए निर्धारित की गई वर्दी थी– भूरे जूते, सफेद फलालैन का पतलून और हल्के नीले रंग का ब्लेजर। इस वेशभूषा को 'कैम्ब्रिज ब्लू' कहा जाता था। इस पर भारत का प्रतीक शोभित था। इस प्रकार सजे–धजे खिलाड़ी सारे भ्रमण के दौरान लोगों के आकर्षण–केन्द्र बने रहे। इस प्रकार वस्त्रीय अनुशासन तब से ही शायद ओलम्पिक में भाग लेने वाले सभी खिलाड़ियों के लिए लागू है।

भारत को लांस एंजेल्स पहुँचने के पहले भारतीय टीम को भोपाल, बम्बई (अब मुंबई) बंगलौर एवं मद्रास (अब चेन्नई) में पड़ाव लेना पड़ा, जहाँ मैच भी खेलने पड़े।

OO

कोलम्बो-प्रस्थान

मद्रास (चेन्नई) से टीम कोलम्बो के लिए रवाना हुई। सब लोग 'सीलोन वोटमेल' नामक पानी के जहाज से रवाना हुए। धनुषकोटि, त्रिचनापल्ली, मदुरई होते हुए मण्डपम् पहुँचे, जहाँ से तलमन्नार के लिए छोटी–सी नावनुमा स्टीमर में सवार हुए। उस समय सभी को रामायण में वर्णित लंका–विजय का स्मरण हो आया। तलमन्नार के रेल–कर्मचारियों का व्यवहार "ओलम्पिक टीम" के खिलाड़ियों के साथ उचित नहीं रहा। उनका व्यवहार रुक्षतापूर्ण एवं असहयोगात्मक रहा।

हॉकी खिलाड़ी सी तापसेल के साथ उनकी बहन भी यात्रा कर रही थीं। वे हॉकी की शौकीन तथा उत्साही थीं। उनका इरादा कोलम्बो तक जाकर अपने भाई को विदाई देने का था। श्री पंकज गुप्ता ने बहुत ही प्रयास किया कि इस महिला के लिए कम से कम एक बर्थ की व्यवस्था हो जाये। परन्तु उनके सारे प्रयत्न बेकार गये। बाबूजी को तलमन्नार स्टेशन पर रेल कर्मचारियों का विचित्र व्यवहार देखकर आश्चर्य एवं दुःख दोनों हुआ।

कोलम्बो पहुँचने पर स्टेशन के ठीक सामने एक छोटे से 'विक्टोरिया होटल" में इन लोगों को ठहराया गया। श्रीलंका में दो मैच भारतीय टीम ने खेला। एक श्रीलंका संयुक्त टीम के खिलाफ और दूसरा समस्त लंका एकादश के खिलाफ। दोनों मैचों में क्रमशः 21–0 तथा 10–0 के अन्तर से भारतीय टीम ने जीत हासिल की।

श्रीलंका के राज्यपाल ग्रेम थॉमसन, जो कि मैच देख रहे थे, ने कहा था–"क्या वास्तव में मैच समाप्त हो गया। मैं तो ऐसा अनुभव कर रहा था कि मानों मैं अभी पाँच मिनट से ही मैच देख रहा हूँ।"

लास एंजिल्स ओलम्पिक में दिया गया कोट का पिन

30 मई को टीम ने जलपोत 'एन.वाइ.के. दारुण मारू' पर यात्रा आरम्भ की। सिंगापुर तक की यात्रा आरामदायक रही। पोत के अधिकारियों ने भारतीय भोजन का प्रबन्ध कर रखा था। टीम ने प्रथम श्रेणी में यात्रा नहीं की थी तथा अपना अधिकांश समय खिलाड़ियों ने सबसे ऊपर वाली मंजिल पर, जहाँ सूर्य तपता था, बिताया एवं मंजिल की कुर्सियों पर बारी–बारी से आराम किया, क्योंकि छतों की कुर्सियों का भाड़ा देना पड़ता था, जिसके कारण श्री पंकज गुप्ता ने सोलह लोगों के लिए सिर्फ आठ कुर्सियाँ किराये पर आरक्षित करवायी थीं। कोलम्बो से सिंगापुर तक पहुँचने में एक सप्ताह का समय लगा। टीम 6 जून को सिंगापुर पहुँची।

सिंगापुर से हाँगकाँग की यात्रा बहुत कष्टप्रद होती थी और दक्षिणी चीनी समुद्रीरास्ता बड़ा ही दुर्गम था। चीनसागर में भयंकर समुद्री आँधी और तूफान का आना स्वाभाविक बात थी, लेकिन सौभाग्यवश भारतीय टीम को ऐसी मुसीबतों का सामना नहीं करना पड़ा। दिनांक 08 जून 1932 की सुबह ही जहाज ने हाँगकाँग पहुँचकर लंगर डाल दिया था। हाँगकाँग पहुँचकर वहाँ मैदानों में पानी भरा होने के कारण पूर्व नियोजित मैच नहीं हो सका, जिसके कारण टीम को हाँगकाँग घूमने का समय मिल गया।

हाँगकाँग और चीनी लड़की

हाँगकाँग पहुँचकर घूमते–घूमते वहाँ की एक घटना ने बाबूजी को अत्यधिक प्रभावित किया। हाँगकाँग उस समय इंग्लैण्ड के अधीन था, परन्तु 'चीनी' हाँगकाँग पर अपना अधिकार मानते थे। बाबूजी वहाँ के एक विभागीय दुकान पर गये, जहाँ छोटी–छोटी चीनी लड़कियाँ काम करती थीं। वहाँ बाबूजी ने एक चीनी लड़की से जापानी बनियान दिखाने हेतु कहा। उनकी इस बात पर उस चीनी लड़की ने बाबूजी को तीखी नजरों से देखा, जैसे बाबूजी ने कोई अपराध कर दिया हो। बाद में उन्हें चीनी लड़कियों ने समझाया कि मंचूरियाई मामले को लेकर चीन और जापान में अघोषित युद्ध चल रहा था। अतः वहाँ जापानी वस्तु की माँग करना देशद्रोह से कम नहीं था। बाद में बाबूजी उस चीनी लड़की के देशप्रेम से इतने अधिक प्रभावित हुए कि उन्होंने कई बनियानें खरीद डालीं।

अब पुनः शंघाई के लिए यात्रा प्रारम्भ हो गई। प्रचण्ड तूफानी हवा के थपेड़ों से जूझते हुए भयानक और कष्टप्रद यात्रा तय करने के पश्चात् 12 जून को शंघाई के अन्तर्राष्ट्रीय बदंरगाह पर जहाज पहुँचा। यहाँ कोई मैच नहीं था, अतः नगरभ्रमण का कार्यक्रम बना, परन्तु जहाज के अधिकारियों ने चेतावनी दे दी थी कि जहाज कभी भी रवाना हो सकता है, अतः शीघ्र ही घूमकर वापस आना है।

उस समय मंचूरिया के प्रश्न को लेकर चीन–जापान के मध्य युद्ध के कारण नगर का वातावरण तनावपूर्ण था तथा सबको बता दिया गया था कि सीमाओं के अन्दर ही घूमना है। नगर के बाहरी भाग में स्थित एक छोटा–सा सिखमंदिर था, जो चीनी भूमि पर स्थित था। चीनी और जापानी सिपाहियों के मध्य झड़पों में उस मन्दिर का बहुत ही नुकसान हुआ था।

1932, लॉस एंजेल्स में ध्यानचन्द को प्राप्त ओलम्पिक का प्रशस्ति प्रमाण पत्र

शंघाई घूम—घामकर 'कोवे' की यात्रा प्रारम्भ हुई। जापान के किनारे कुछ दूर पर जहाज का इंजन रोक दिया गया। शीघ्र ही एक मोटरनौका जहाज के पास आयी। उसमें से जापानी पुलिस अधिकारी जहाज पर चढ़े तथा पोत के यात्रियों के सामानों की जाँच की गई। चीन से होकर जापान पहुँचने वाले हर यात्री को जापानी शंका की दृष्टि से देखते थे। हालाँकि इस प्रकार जाँच—पड़ताल उस समय की जाती है, जब पोत बदंरगाह के आस—पास होती है, परन्तु उस समय तो 'कोवे' पहुँचने के कई घंटों की यात्रा करना बाकी था।

अगली सुबह 'कोवे' पहुँचने पर भारी भीड़ ने भारतीय हॉकी टीम का स्वागत किया, जिनमें जापान निवासी भारतीय लोग भी शामिल थे। उनमें भारतीय क्रांतिकारी रासबिहारी बोस एवं शंकर सहाय भी थे।

कोवे बन्दरगाह पर जहाज दो दिन रुका। वहाँ दो मैच खेले गये। पहला "कसांई हॉकी क्लब" के खिलाफ, जिसे शून्य के मुकाबले 22 गोलों से हराया गया तथा दूसरा "कोवे मनोरजंन" क्लब के खिलाफ, जिसे भी शून्य के मुकाबले 16 गोलों से हराया गया। OO

ओलम्पिक टीम और जापान के प्रधानमंत्री

पुनः कोवे से टोक्यो तक की यात्रा रेल द्वारा की गई। टोक्यो पहुँचने के पहले ट्रेन में हुई एक घटना ने सबको आश्चर्य में डाल दिया। हुआ यह कि एक भद्रपुरुष गाड़ी में चढ़कर पंकज गुप्ता के पास बैठ गये। कंडक्टर से पूछने पर चला कि उक्त भद्रपुरुष जापान के ''प्रधानमंत्री'' हैं। इतना सुनकर सभी सकते में आ गये। जापान के प्रधानमंत्री को बिना किसी आडम्बर एवं काफिले के अकेले सफर करते देख सभी आश्चर्यचकित रह गये। टूटी–फूटी अंग्रेजी में बाद में पंकज गुप्ता की उनसे बातचीत हुई, जिसमें उन्होंने प्रधानमंत्री से पूछा कि यदि मंचूरिया के सवाल पर चीन–जापान के मध्य झगड़े की जाँच के लिए ''लीग ऑफ नेशंस'' द्वारा नियुक्त ''लार्ड लेटन'' का निर्णय जापान के विरुद्ध जाता है, तो जापान का क्या रवैया रहेगा?

जापान के प्रधानमंत्री ने कंधे उचकाकर और हाथ मटकाकर टूटी–फूटी अंग्रेजी में कहा था– 'जापान को इससे कोई मतलब नहीं है। ''लीग ऑफ नेशंस'' में उसका कोई स्थान नहीं है।'

टोक्यो पहुँचने के बाद टीम को होटल ''मानसी'' में ठहराया गया। टोक्यो में टीम पाँच दिन रुकी और वहाँ उसने दो मैच खेले। प्रसिद्ध ''मीजी मठ

स्टेडियम'' में बसेरा विश्वविद्यालय के विरुद्ध खेलते हुए, सारे मैदान में पानी भरे रहने के कारण कीचड़ होने एवं भारतीय टीम के पास कील वाले जूते नहीं होने के बावजूद, उसे तीन के ख़िलाफ पाँच गोल से हरा दिया गया। अगला मैच ''सर्व जापान एकादश'' के खिलाफ खेला गया, जिसे शून्य के मुकाबले 11 गोलों से पराजित किया गया। ध्यानचन्द जब खेलते थे तो गेंद उनके पूर्ण नियंत्रण में होती थी। इसी से लोग उन्हें हॉकी का जादूगर कहते थे। टोक्यो के हॉकी अधिकारियों ने उनकी हॉकी को तोड़कर यह देखा कि कहीं इसमें कोई चुम्बक तो नहीं है या किसी विशेष प्रकार का गोंद तो नहीं लगा रखा है, जिससे गेंद हॉकी से चिपक जाती है।

टोक्यो में सार्वजनिक उत्सवों और अभिनंदनों का व्यस्त दौर चलता रहा। ब्रिटिश राजदूत सर एफ.ओ. मिण्डले ने एक शाम भारतीय टीम को स्वल्पाहार पर आमंत्रित किया। दूसरी शाम को जापान के शिक्षामंत्री ने आमंत्रित किया।

23 जून को ''तत्सुता मारू'' नामक जहाज पर सब लोग याकोहामा से रवाना हुए। यह जहाज ओलम्पिक में भाग लेने वाली एशिया की अनेक टीमों को लेकर जा रहा था एवं पूरा जहाज एक छोटे–मोटे स्टेडियम का रूप था। इस जहाज में तरणताल भी था, जिससे तैराकी वाले खिलाड़ी भी अभ्यास कर लिया करते थे।

दिनांक 30 जून को भारतीय टीम 'हवाई' की राजधानी होनुलुलू पहुँची। होनुलुलू को ''धरती का स्वर्ग'' कहा जाता था। कुछ समय पूर्व ही 'हवाई' अमेरिकी राज्य में शामिल कर लिया गया था। हवाई एमेच्योर एथलेटिक एसोसिएशन की कार्यवाहक अध्यक्षा श्रीमती फुलार्डलियो ने सभी की बहुत ही अच्छी तरह से अगवानी की। रात में सभी के लिए भोज का प्रबन्ध हुआ तथा उसके बाद जापान का प्रसिद्ध ''हुला–हुला'' नृत्य हुआ। उस समय हवाई में 6 भारतीय थे, जिनमें एक नाम था 'गोविन्दराम जेठानन्द वातूमल',

जो होनुलुलू के प्रसिद्ध व्यापारियों में से थे। वातूमल तथा उनकी अमेरिकी पत्नी ने भारतीय खिलाड़ियों के साथ दिल खोलकर खर्चे किये तथा समय भी बिताया। उस समय उन लोगों ने भारतीय छात्रों के लिए छात्रवृत्तियाँ भी शुरू कीं, जिनके बल पर भारतीय छात्र अमेरिका में पढ़ाई कर सकते थे।

एक जुलाई को भारतीय टीम की रवानगी होनूलुलू से हुई। श्रीमती फुलार्डलियो ने प्रसन्नतापूर्वक ''अलोहा–अलोहा'' कहते हुए विदाई दिया, जिसका अर्थ ''सब कुछ शुभ हो'' होता है।

होनूलुलू से शुरू होने वाला सफर आनन्ददायक नहीं था। क्योंकि जैसे–जैसे अमरीका के करीब जहाज पहुँचने लगा था, ठण्डी हवाएँ चलनी शुरू हो गयी थीं। करीब 06 जुलाई को जहाज दो दिनों के लिए सेनफ्रेंसिसको रुका, जहाँ ओलम्पिक खिलाड़ियों का नागरिक अभिनन्दन किया गया और वहाँ के महौपार ने सबको शहर के प्रतिरूप की चाभी भेंट की।

OO

लॉस एंजेल्स और ओलम्पिक

कैलिफोर्निया के प्रशान्त महासागरीय किनारे, 42 दिनों की समुद्री यात्रा के पश्चात् भारतीय टीम ''सैन पैडरो'' बन्दरगाह पर उतरी। आयोजन–समिति ने ''सैन पैडरो'' से लॉस एंजेल्स तक की दूरी, जो 8 या 10 मील की होगी, कार द्वारा तय कराई।

उस समय ओलम्पिक में भाग लेने के लिए भारतीय दल में तीन एथलीट, एक तैराक और एक हॉकी टीम, तत्कालीन 40 करोड़ भारतीय जनता का प्रतिनिधित्व कर रहे थे। भारतीय खेलकूद दल के मैनेजर टेडमम्बी थे, जो लखनऊ के क्रिश्चियन कॉलेज के प्रोफेसर थे। भारत के एकमात्र तैराक ''एन.सी. मलिक'', सदन और परनौम्स (दोनों कलकत्ता) और लाहौर के ''मेहरचंद'' टीम के धावक थे।

ओलम्पिक खिलाड़ियों के लिए ओलम्पिक ग्राम बनाये गये थे। जिसमें दो कमरे तथा एक छोटा–सा गुसलखाने का कॉटेज बनाया गया था। सभी के लिए सामूहिक भोजन एवं मिश्रित स्नानागार की व्यवस्था थी। महिला खिलाड़ियों के लिए अलग प्रबन्ध किया गया था।

ओलम्पिक खेल प्रारम्भ होने के तीन हफ्ते पहले ही भारतीय खिलाड़ी वहाँ पहुँच चुके थे तथा दक्षिणी कैलिफोर्निया के एक विश्वविद्यालय के महिला खेलकूद स्टेडियम में इन लोगों का नियमित अभ्यास चलता था।

1932 के लॉस एंजेल्स ओलम्पिक का स्टेडियम

अमेरिका में प्रायः मैदानी हॉकी न खेलकर हिम हॉकी खेली जाती थी। एक बात जिसने बाबूजी को बहुत अधिक प्रभावित किया, वह यह थी कि अमेरिका एवं फिलाडेल्फिया में हॉकी अमेरिकन लोगों की अंग्रेजपत्नियों द्वारा शुरू की गयी थी। क्योंकि बाबूजी ने जब फिलाडेल्फिया का दौरा किया, तो वहाँ महिलाओं में हॉकी के प्रति काफी उत्साह पाया तथा वहाँ अखबारों की ओर से मैचों की खबर भेजने वाली सभी पत्रकार महिलाएं थीं।

30 जुलाई को ओलम्पिक खेलों का उद्घाटन राष्ट्रपति ''हूवर'' की अनुपस्थिति में उपराष्ट्रपति चार्ल्स वर्टिस द्वारा किया गया था। राष्ट्रों की ओलम्पिक परेड में भारतीय हॉकी खिलाड़ियों के रंग–बिरंगे साफे सभी को आकर्षित कर रहे थे।

यूनान को ओलम्पिक परेड का नेतृत्व करने का अवसर मिला था एवं मेजबान अमेरिका सबसे पीछे था। भारतीय हॉकी टीम के कप्तान ''लालशाह बुखारी'' देश का झंडा लेकर आगे चल रहे थे।

ओलम्पिक स्टेडियम में करीब एक लाख लोगों के बैठने की व्यवस्था थी, जहाँ एक भी सीट खाली नहीं बची थी। विश्व के सर्वश्रेष्ठ महिला एवं पुरुष खिलाड़ी वहाँ उपस्थित थे।

भारतीय हॉकी टीम ने पहला मैच जापान के खिलाफ 04 अगस्त को खेला और इस खेल में जापान को एक के मुकाबले 11 गोलों से पराजित किया। यह एक गोल जापान का भारतीय टीम के लिए ऐतिहासिक गोल था। क्योंकि 1928 के ओलम्पिक में भारतीय टीम ने एक भी गोल नहीं खाया था।

08 अगस्त को 'अमेरिका' जापान से दो के मुकाबले नौ गोल से हार गया। अमेरिकी खिलाड़ी बुरी तरह रौंद दिये गये।

दिनांक 11 अगस्त को भारत और अमेरिका के बीच निर्णायक मैच खेला गया और इस मैच को भारत ने अमेरिका को मात्र एक के मुकाबले 24 गोलों से पराजित किया।

अमेरिका की पराजय और भारत की जीत ने भारतीय हॉकी का सिक्का पूरे विश्व में जमा दिया। भारतीय हॉकी विश्व के सर्वोच्च शिखर पर विराजमान हो गई। अमेरिका की इस करारी हार पर कुछ अमेरिकी अखबारों ने सुझाव दिया था कि अमेरिका को मुकाबले का बनाने के लिए भारतीयों को बायें हाथ से खेलना चाहिए था व बर्फ पर चलने वाले भारी जूते पहनने चाहिए थे। मध्यान्तर तक भारतीय टीम शून्य के मुकाबले 10 गोलों से आगे रही। संयोग से 24 गोलों का यह स्कोर विश्व रिकॉर्ड बनकर रह गया, जिसमें बाबूजी ने 8 गोल किये थे, रूप सिंह ने 10, गुरमीत सिंह ने पाँच और पिन्नीगर ने एक।

लॉस एंजेल्स के एक अखबार ने फाइनल मैच के बारे में सनसनीखेज विवरण दिया था।

''सन् 1928 के ओलम्पिक खिताब की रक्षा के लिए श्री जी.डी. सोंधी जो भारतीय टीम अपने साथ ''लॉस एंजेल्स'' लाये हैं, वह वास्तव में पूर्व

1932 के लॉस एंजेल्स ओलम्पिकगाँव का प्रवेशद्वार

का तूफान सिद्ध हुई है, क्योंकि उसने सभी को अपने पैरों तले रौंद दिया और संयुक्त राज्य अमेरिका का प्रतिनिधित्व कर रहे खिलाड़ियों को तो ओलम्पिक स्टेडियम के बाहर ही खदेड़ दिया।''

खेल के पश्चात् भारतीय ध्वज सभी देशों के झंडों से ऊपर उठकर लहराने लगा। अमेरिका के खिलाफ भारत के खेल को लगभग पाँच हजार दर्शकों ने देखा। इसमें से अधिकांश भारतीय उपनिवेश के लोग थे। इनमें से अधिकांश तो ''कोमागाटामारू–कांड'' के शिकार थे। वहाँ के भारतीयों ने खेल में काफी दिलचस्पी ली तथा लॉस एंजेल्स के ''बाइबिल हॉल' में श्री पंकज गुप्ता द्वारा की गई अपील के फलस्वरूप लगभग 200 डालर ओलम्पिक हॉकी कोष की कमी को पूरा करने के लिए दान दिये गये थे। भारत की जीत से प्रसन्न होकर, भारत के तत्कालीन वायसराय ने बधाई का संदेश तार द्वारा भेजा, जिसे हेमैन ने पढ़कर सबको सुनाया। संदेश में लिखा था– ''अपनी हॉकी टीम की शानदार विजय की खबर सुनकर मैं प्रसन्न हुआ हूँ। विश्व खिताब सुरक्षित रखने के लिए कृपया अपने दल के सभी सदस्यों को मेरी ओर से हार्दिक बधाई दें''।

OO

चार्ल्स न्यू हैम और हॉकी

इस (लॉस एंजेल्स) ओलम्पिक के प्रबन्धन तथा आयोजन में दो व्यक्तियों चार्ल्स न्यू हैम तथा श्री हेमैन की भूमिका अत्यन्त ही महत्त्वपूर्ण रही। इनके योगदान को कभी भी भुलाया नहीं जा सकता। इनकी उपस्थिति के बिना 1932 के लॉस एंजेल्स ओलम्पिक की कल्पना भी नहीं की जा सकती है।

अधिकृत रूप से न्यूहैम को इंग्लैण्ड का प्रतिनिधि बताया गया था, उन्होंने अपना नाम ब्रिटेन की ओर से दर्ज कराया था, ताकि वे भारतीय टीम को मैच खिला सकें। वे अंग्रेज होते हुए भी भारतीय हॉकी के उत्थान, सभी क्रियाकलाप और उद्देश्यों की प्राप्ति हेतु भारतीय बन गये थे। वे भारत की टीम के साथ रुके थे तथा भारतीय टीम के लौटते समय न्यूयॉर्क तक साथ आये थे, परन्तु ''मोरतानियो'' जहाज में उनको जगह नहीं मिल पाई तथा उनका साथ छूट गया।

अमेरिका में भारतीय टीम की मुलाकात स्वामी विवेकानन्द के शिष्य परमानन्द से हुई। यह मुलाकात लॉक्रे सेंटर में रामकृष्ण मिशन की एक शाखा में हुई। वहाँ उनके द्वारा 'वेदान्त दर्शन' के प्रचार–प्रसार हेतु कार्य किया जा रहा था।

लॉस एंजेल्स ओलम्पिक क्षेत्र का हवाईजहाज से लिया गया एक चित्र

भारतीय हॉकी टीम एक और आध्यात्मिक गुरु स्वामी योगानन्द से उनके आश्रम, जो लॉस एंजेल्स के बाहर माउण्ट वॉशिंगटन में था, मिलने गई। उन्होंने भारतीय टीम को विदाई–भोज दिया तथा वहाँ पहली बार भारतीयों को आम चखने को मिला था।

1932 के लॉस एंजेल्स ओलम्पिक के लिए चुनी गयी टीम,
कुर्सी पर बैठे बायें से दूसरे ध्यानचन्द

टीम के लोगों ने विश्वप्रसिद्ध चिकित्सक डॉ. मिल्लिकान की एक छोटे से गाँव पसाडेना में स्थित प्रयोगशाला देखी। टेनिस के प्रसिद्ध खिलाड़ी एल्सवर्थ वाइंस भी इसी गाँव के रहने वाले थे।

कुछ प्रसिद्ध फिल्म स्टूडियो जैसे 'एम.जी.एम. यूनिवर्सल' भी सबने देखे। साथ ही भारतीय टीम को 'ओलम्पिक गाँव' में चार्ली चैपलिन, इगलस फेयर बैंक्स एवं हैराल्ड लायड से भी भेंट हुई। स्टूडियों में पिकफोर्ड और नोमा शीयरर से भी मुलाकात हुई। भारतीय टीम ने फिल्मी सितारों की टीम के विरुद्ध एक क्रिकेट मैच भी खेला। इन मैचों का नेतृत्व सर औबरे स्मिथ एवं बोरिस कार लोफ ने किया था।

OO

भारतीय जीत एवं फिलाडेल्फिया का प्रदर्शनी मैच

लॉस एंजेल्स ओलम्पिक की समाप्ति के पश्चात् भारतीय टीम के खिलाड़ियों ने श्री सोंधी, श्री हेमैन, श्री पंकज गुप्ता को इस बात के लिए राजी कर लिया था कि वापसी यूरोप होकर होगी। दिनांक 15 अगस्त को टीम की वापसी लॉस एंजेल्स से ट्रेन के द्वारा हुई। पैसे की कमी के कारण स्लीपर कोच में व्यवस्था नहीं हो पायी थी, अतः यात्रा थका देने वाली थी। टीम ने एक दिन साल्टलेक सिटी में बिताया तथा रात्रि बिताई ओमाहा में।

इसके पश्चात् टीम फिलाडेल्फिया पहुँची, जहाँ टीम ने 20 अगस्त को संयुक्त राज्य एकादश के खिलाफ मैच खेला एवं उसे बुरी तरह परास्त किया, जो उस समय भारतीयों के लिए अत्यन्त ही रोमांचकारी घटना थी। इस मैच की यह विशेषता थी कि भारत के दूसरे सुरक्षित गोलरक्षक ''हिन्द'' को संयुक्त राज्य एकादश की टीम ने उधार लिया था। प्रसिद्ध ''मेरियन क्रिकेट मैदान'' पर यह मैच हुआ था। क्रिकेट और अमेरिका, एक आश्चर्यजनक जोड़! परन्तु यह सही है कि वह क्रिकेट का मैदान इसलिए था, क्योंकि अटलांटिक महासागर के तट पर बसने के पहले अंग्रेज फिलाडेल्फिया में क्रिकेट खेला करते थे। इस मैच में गोलरक्षक हिन्द के बावजूद भारत ने 20 गोल दागे तथा उन्होंने भारत के खिलाफ एक गोल किया।

एक महिला पत्रकार ने अपने अखबार में लिखा था कि ''अमेरिका के प्रतिनिधियों के पास उधार लिया हुआ भारतीय गोलरक्षक था। इस गोलरक्षक को उधार देने के लिए धन्यवाद की पात्र है, भारतीय टीम। यह गोलरक्षक कई बार गोल न बचाता, तो अमेरिका की पराजय और भी बुरी हो सकती थी।''

एक दूसरा पत्रकार जो भारत के प्रति उदार नहीं था, उसने लिखा– 'ये भारतीय किसी अच्छे उद्देश्य से भ्रमण नहीं कर रहे हैं। जबसे निर्णायक की सीटी बजी और जब तक मैच समाप्त नहीं हो गया, वे अनुभवहीन बेचारे श्वेतों को तब तक रौंदते रहे, जब तक एक खिलाड़ी अस्पताल जाने के काबिल न हो गया।'

तो, यह थी 1932 ओलम्पिक टीम के भारतीय खिलाड़ियों की जॉबा़जी, जिन्होंने स्वतंत्र प्रभुसत्ता सम्पन्न, स्वयंभू यूरोपीय एवं अमेरिकी देशों को उनके अपने ही जमीन पर बुरी तरह परास्त कर गुलाम भारतीयों के मनोबल को बढ़ाया तथा सिद्ध किया कि ये यूरोपीय देश अजेय नहीं हैं, बल्कि ये देश भी हराये जा सकते हैं। अब भारत माँ को गुलामी के जंजीर से मुक्त कराने की रोशनी दिखने लगी थी। इस प्रकार स्वतंत्रता–संग्राम की चिंगारी को भड़काने में इस विजय ने हवा का काम किया। विजय के हर्ष में डूबी हुई टीम फिलाडोल्फिया से न्यूयार्क पहुँची, जहाँ टीम पाँच दिन तक रुकी रही। टीम ने एक पूरा दिन वहाँ के कोनी द्वीप में बिताया। जहाँ टीम ने बॉलस्ट्रीट, फिफ्थ एवेन्यू, एम्पायर स्टेट बिल्डिंग, मैडसिन स्क्वायर बाग आदि जगहों को देखा।

न्यूयार्क से टीम इंग्लैण्ड पहुँची, जहाँ टीम पाँच दिनों तक रही। इस बार भी पिछली बार की तरह भारतीय ओलम्पिक टीम पर ध्यान नहीं दिया गया। भारतीय टीम की वहाँ एक–दो मैच खेलने की इच्छा थी, परन्तु उन्हें यह कह कर टाल दिया गया कि हॉकी खेलने का मौसम इग्लैण्ड से जा चुका है।

इग्लैण्ड की टीम पिछली हार से सबक सीखते हुए पुनः भारतीय टीम के साथ खेलने की हिम्मत नहीं जुटा सकी, यह तमाम बातें भारतीय एवं भारतीय हॉकी टीम के खिलाड़ियों के लिए गर्व की बात थी। अंग्रेजों के मन में कहीं न कहीं खेल के सन्दर्भ में ही सही, भारतीय खिलाड़ियों के प्रति डर पैदा हो गया था, जिसके कारण वो ओलम्पिक टीम के साथ खेलने का साहस नहीं कर पाये, जो तमाम भारतीयों के मनोबल बढ़ाने का शुभ संकेत था।

OO

ओलम्पिक टीम की वापसी

लौटते समय निश्चित किया गया था कि टीम यूरोप होकर लौटेगी एवं यूरोप–भ्रमण के खर्चे की भरपाई भारत पहुँच कर प्रदर्शनी मैच खेलकर किया जाएगा।

जर्मनी पहुँचने पर जर्मन हॉकीसंघ ने जर्मन–प्रवास के सभी खर्चों को उठाने का प्रस्ताव किया था। जर्मनी में भारत ने नौ स्थानों पर नौ मैचों की शृंखला खेली, जो 2 सितम्बर से प्रारम्भ हुई थी। इसके साथ ही भारतीय टीम ने पाँच अन्तर्राष्ट्रीय मैच, हॉलैण्ड, जर्मनी, चेकोस्लोवाकिया, अमर्स्टरडम और हंगरी के खिलाफ खेला। बुडापेस्ट में अपना अंतिम मैच समाप्त करके तथा वियाना, फ्लोरेंस, रोम ओर नेपल्स में रुकते हुए भारतीय टीम 8 सितम्बर को नेपल्स से एन.वाई.के. लाइनर 'ह कूसन मारू' से कोलम्बो के लिए रवाना हो गई।

4 अक्टूबर को टीम कोलम्बो पहुँची तथा भारत में टीम को पहुंच कर कई प्रदर्शनी मैच खेलना पड़ा, जिसका इकरारनामा यात्रा प्रारम्भ करने के पूर्व ही हो चुका था। कुल मिलाकर भारत और लंका में भारत ने दस मैच खेले थे, उसमें से दो को छोड़कर सभी शेष मैचों में ओलम्पिक टीम की जीत हुई थी। दो मैच अनिर्णीत रहे थे, जो बम्बई कस्टम्स (0–0) और लाहौर में पंजाब संयुक्त 2–2 के खिलाफ थे।

ओलम्पिक खिलाड़ियों के घूम–घूमकर मैच खेलने के बावजूद तीन हजार रुपये का घाटा बना रहा, जिसे श्री हेमैन ने पूरा किया। श्री हेमैन जैसे महान् खिलाड़ी प्रेमी को जब–जब भारतीय ओलम्पिक जीत की अमिट गाथा को गाया जाएगा, तब–तब उनके अमिट योगदान हेतु याद किया जाएगा। इस विश्वभ्रमण में भारत ने कुल 37 मैच खेले और कुल 338 गोल किये, जिसमें बाबूजी के कुल 133 गोल थे।

जब भारतीय टीम लाहौर में थी, तो श्री गुप्ता ने सबको एक पत्र पढ़ कर सुनाया था, जो कि उन्हें ओलम्पिक ग्राम के निदेशक की ओर से मिला था। पत्र में लिखा था कि ''अन्य टीमों की अपेक्षा भारतीय टीम के यहाँ सबसे अधिक प्रवास के कारण आप लोग इस परिवार के अंग की तरह बन गये थे। मेरी और मेरे सभी सहयोगियों की ओर से, मैं आपको और आपके माध्यम से भारतीय टीम को धन्यवाद देना चाहूँगा, इस ओलम्पिक को सफल बनाने में उनके सहयोग के लिए। यह आप लोगों के सहयोग का ही परिणाम था कि हम इतने बड़े कार्य को इस खूबी से निभा पाये।''

'द विजार्ड' नामक पुस्तक में लेखक अरुण युगम ने लिखा है कि 'वियना में इस महान् खिलाड़ी (ध्यानचन्द) की मूर्ति लगी है, जिसमें चार हाथ बने हैं, जो चार हॉकी थामे है। यह मूर्ति अकेले ध्यानचन्द के अन्दर चार हाथों तथा चार हॉकियों की शक्ति का समावेश प्रदर्शित करती है, जो किसी देवस्वरूप में ही संभव है।'

OO

यादगार मैच : 1933 का बीटन कप और 'झाँसी हीरोज क्लब'

बाबूजी के अनुसार सन् 1933 में कलकत्ता में खेला गया बीटन कप बाबूजी के जीवन में खेला गया सर्वोत्तम मैच था।

बीटन कप फाइनल जो कि कलकत्ता कस्टम्स एवं झाँसी हीरोज क्लब के बीच खेला गया था, बाबूजी के जीवन का एक महत्त्वपूर्ण मैच था। उनकी जिंदगी का उद्देश्य 'बीटन कप टूर्नामेंट' जीतना था, जो उस समय भारतीय हॉकी के चरमोत्कर्ष का प्रतीक था।

बाबूजी को 'बीटन कप' कई कारणों से जीवन भर स्मरणीय रहा। इस टूर्नामेंट में चार दिनों में पाँच मैच खेले गये थे। एक दिन सुबह और शाम दोनों समय मैच खेला गया।

एक और महत्त्वपूर्ण कारण था। टूर्नामेंट के फाइनल के पहले बाबूजी को भयंकर रूप से पेचिश हो गयी थी, जिससे उनके जीवन को ही खतरा पैदा हो गया था। बहुत ही मुश्किल से ठीक होने पर कलकत्ता कस्टम के साथ उन्हें फाइनल मैच खेलना पड़ा। कलकत्ता कस्टम उन दिनों हॉकी की मशहूर टीम मानी जाती थी एवं उसके प्रख्यात खिलाड़ी थे, शौकतअली, असर अली, क्लौड डीफ हॉल्टस, सीमैन एवं मोहसिन। इसके विपरीत झाँसी हीरोज के

अधिकांश खिलाड़ी अनुभवहीन और नौजवान थे।

उनके भाईरूप सिंह एवं इस्माइल के अलावा टीम में और कोई बड़ा खिलाड़ी नहीं था। परन्तु उनकी टीम के ऊर्जावान खिलाड़ियों ने इस मैच को 'करो या मरो' की स्थिति में आकर साहस एवं चुनौतियों का सामना करते हुए अपने हिस्से में जीत दर्ज करायी। फाइनल मैच में कस्टम वालों का दबाब बढ़ता जा रहा था, किन्तु यकायक बाबूजी उनकी अग्रिम पंक्ति को चीरते हुए आगे बढ़े और मध्य मैदान से उन्होंने एक लंबा और सीधा पास इस्माइल को दिया। कस्टम्स के गोलरक्षक और लेफ्टहाफ के बीच कुछ गलतफहमी हुई और इस्माइल ने गफलत का पूरा फायदा उठाते हुए, कट करके गेंद को गोल के जाल में डालकर गोल बना दिया और विजय हासिल की।

हीरोज ग्राउण्ड, झाँसी पर स्थापित ध्यानचन्द की प्रतिमा

उल्लेखनीय है कि बीटन कप फाइनल में ध्यानचन्द ने एक भी गोल नहीं किया। मात्र एक पास दिया जो गोल में तब्दील हो गया था। इस जीत के बाद भीड़ से खचाखच भरे तृतीय श्रेणी के डिब्बे में भरकर यात्रा करते हुए झाँसी हीरोज के खिलाड़ी झाँसी पहुँचे, जहाँ उनका भव्य स्वागत किया गया।

OO

सन् 1934 पश्चिमी एशियाई खेल और बाबूजी की सर्वप्रथम कप्तानी

पश्चिमी एशियाई खेलों का आयोजन सन् 1934 में नई दिल्ली के इनविन एम्फी थियेटर में श्री सोंधी द्वारा किया गया था। हालाँकि यह मुख्य प्रतियोगिता खेल–कूद की थी, परन्तु इसमें हॉकी को भी शामिल कर लिया गया था। इसमें भारत–श्रीलंका एवं अफगानिस्तान ने भाग लिया था तथा भारत ने

प्रथम पश्चिमी एशियाई खेल **1934** में ध्यानचन्द को मिला एक प्रमाणपत्र

केवल एक मैच अफगानिस्तान के खिलाफ खेला था। पहली बार बाबूजी ने उस टूर्नामेंट के भारतीय टीम का नेतृत्व किया था। इसमें भाग लेने वाली टीम अधिकांश रूप से पंजाब और मानवदार रियासत से चुनी गई थी। सेना से केवल एक ही व्यक्ति बाबूजी थे। इस मैच की विशेष बात यह रही थी कि मानवदार के नवाब भारतीय टीम की ओर से आउट साइड लेकर खेले थे। एक नवाब, बाबूजी के अधीन रह कर खेल रहे थे, यह अपने–आपमें उस समय की एक अनोखी बात थी। उस समय यह एक असामान्य–सी बात थी कि भारत के खेल जगत् में, कोई राजा–महाराजा किसी साधारण से व्यक्ति के नेतृत्व में खेले।

बाद में 1935 में दोबारा जब भारत ने अपनी टीम न्यूजीलैण्ड भेजी, तो बाबूजी और मानवदार के नवाब, दोनों का चयन किया गया था तथा नवाब साहब को कप्तान बनाया गया था, किन्तु नवाब साहब के विदेश–भ्रमण में न जा पाने के कारण, नेतृत्व का भार बाबूजी को सम्हालना पड़ा था।

दिनांक 2 मार्च 1934 को नयी दिल्ली के इरविन एम्पी–थिऐटर में खेले गये इस मैच में अफगानिस्तान को भारत ने शून्य के मुकाबले 5 गोलों से पराजित किया था। बाबूजी का मित्र शहजादा यूसूफ, जो 1924 में अमर्स्टरडम में उनके साथ खेला था, अफगानिस्तान की टीम का नेतृत्व कर रहा था। दोनों ओर की टीमें निम्नवत् थीं।

भारत–मिवकी (बंगाल), गुरुचरन सिंह (पंजाब), मुहम्मद हुसैन (मानवदार), ओमप्रकाश (पंजाब), पिन्नीगर (पंजाब), चरनजीत (पंजाब), शहाबुद्दीन गोटले (दिल्ली), ध्यानचंद (सेना) कप्तान, रूपसिंह ग्वालियर और नवाब मानवदार।

अफगानिस्तान–मुहम्मद आजम, जहीरुद्दीन और अब्दुल रशीद, मुहम्मद आसफ, मो. युसुफ (कप्तान), मो. अय्यूब, फैजल, हुसैन, मुहम्मद अब्दुल वहीद, सिराजुद्दीन और मुहम्मद याकूब (अफगानिस्तान) तथा बी.एन. घोष (भारत)।

घर में अम्माजी (जानकी ध्यानचन्द) को बच्चों से काफी लगाव था। घर के बच्चे हमेशा ही अम्माजी को घेरे रहते थे। अम्मा उन्हें कहानी–किस्से सुनाया करती थीं। बच्चे कभी–कभी बाबूजी के बारे में भी कई सवाल पूछा करते थे। एक बार मेरे बेटे (उदयसिंह) ने अम्मा से पूछा– 'अम्माजी! (घर के सभी बच्चे अम्मा को अम्माजी कहकर बुलाया करते थे) ''बाबूजी ने इतनी अच्छी हॉकी खेलना कहाँ से सीखा था।''

अम्माजी ने बताया था – 'उस समय हॉकी का खेल आज की तरह इतना प्रचलित नहीं था। यह खेल सेना में खेला जाता था। बाबूजी (ध्यानचन्द) को हॉकी खेलने का शौक सेना की नौकरी के बाद ही पनपा। उनके अन्दर हॉकी खेलने की तीव्र इच्छा जगी, परन्तु उस समय उनके पास न तो कोई साधन था, न ही कोई सुविधा। फिर भी उन्होंनें मन में ठान लिया था कि उन्हें हॉकी का एक अच्छा खिलाड़ी बनना है। दिनभर सेना की नौकरी करनी थी। ऐसी परिस्थिति में वे चाँदनी रात में हॉकी का अभ्यास किया करते थे। चुपचाप रात में अकेले हॉकी उठाते और निकल पड़ते मैदान की ओर। वहाँ मैदान में ईंटे रखकर ईंटों के बीच से गेंद निकालकर बॉल–नियंत्रण एवं ड्रिबलिंग का अभ्यास घंटों अकेले मैदान में किया करते थे। उनका कहना था– ''किसी काम में तुम्हारा साथ कोई दे या न दे, अपना काम पूरी लगन से अकेले भी करना पड़े, तो भी अकेले ही करते रहो। सफलता एक न एक दिन अवश्य तुम्हारे कदम चूमेगी।''

अम्माजी बाबूजी के जीवन से सम्बन्धित कई बातें घर के बच्चों को सुनाया करती थीं। बच्चों ने भी अम्माजी से प्रेरणा लेकर अपने जीवन में हॉकी को प्रमुखता दी। यही कारण है कि उनके सातों पुत्रों ने हॉकी के खेल को आत्मसात् किया। सभी पोतों ने भी हॉकी खेली एवं दोनों पीढ़ी हॉकी के खिलाड़ी रहे हैं।

OO

1935 में पुनः न्यूजीलैण्ड

सन् 1935 में भारतीय हॉकी टीम ने पुनः न्यूजीलैण्ड का दौरा किया था। न्यूजीलैण्ड हॉकी संघ ने भारतीय हॉकी संघ से बात चलाकर पुनः भारतीय टीम को न्यूजीलैण्ड भेजने के लिए तैयार करा लिया। इसका मुख्य कारण यह था कि सन् 1926 में सेना की हॉकी टीम के उत्कृष्ट प्रदर्शन ने न्यूजीलैण्डवासियों के मन पर अमिट छाप छोड़ी थी।

बाबूजी ने अखबारों में पढ़ा था कि हॉकी संघ के न्यूजीलैण्ड भ्रमण के लिए चयन हेतु एक चयन समिति बनाई गयी थी, जिसमें श्री पंकज गुप्ता (बंगाल), प्रो. जगन्नाथ (पंजाब), मेजर टनने (सेना), डॉ. ए.सी. चटर्जी (यू.पी.), डॉ एन.एन. मासूद (मानवदार) सदस्य थे। इसमें कोई परीक्षण मैच नहीं था। इस चयन समिति द्वारा चुने गये निम्नलिखित खिलाड़ी थे।

गोलरक्षक टी ब्लेक (सिंध), एन. मुखर्जी (बंगाल), बैक मुहम्मद हुसैन (मानवदार), पी. दारा (बंगाल), एन.एन. मासूद (मानवदार), एल. डेक्निसन (बंगाल), ध्यानचंद (सेना), रूप सिंह (ग्वालियर), मानवदार के नवाब (मानवदार), बी.पी. अग्निहोत्री (उ.प्र.), आर.जे. कार (बंगाल), एम.जे. गोपालन (मद्रास), मुहम्मद नईम (पंजाब) फारवर्ड – शहाबुद्दीन (मानवदार)।

उपर्युक्त खिलाड़ियों में से कार, मानवदार के नवाब और अग्निहोत्री ने आमंत्रण को अस्वीकार कर दिया, जिसके कारण उनकी जगह बंगाल के फ्रेंक

1934, क्राइस्ट चर्च, न्यूजीलैंड में सबसे बांये जे. गोपालन,
बीच में ध्यानचन्द बातचीत करते हुए और सबसे दांये एम. मसूद

वैल्स, सिंध के पी० फर्नाण्डीज तथा पंजाब के हरबेल सिंह ने ले ली। मानवदार के नवाब के मना करने के कारण नेतृत्व का भार बाबूजी पर आ गया। इस दौरे से सबसे ज्यादा लाभ फर्नाण्डिज को मिला, क्योंकि इस दौरे के बाद एक अच्छा खिलाड़ी सिद्ध होने के बाद उन्हें 1936 के बर्लिन ओलम्पिक–भ्रमण में जाने का मौका मिला।

श्री बहहराम डॉक्टर और उनकी पत्नी भी साथ थीं एवं श्री पंकज गुप्ता इस भ्रमण में मैनेजर थे। न्यूजीलैण्ड–भ्रमण के दौरान कुल 48 मैच खेले गये, जिसमें 28 मैच न्यूजीलैण्ड में खेले गये। बाकी भारत, लंका और आस्ट्रेलिया में। बाबूजी ने कुल 48 मैचों में से 43 मैच खेले तथा दो सौ से अधिक गोल किये।

न्यूजीलैण्ड का दोबारा दौरा भारतीय हॉकी टीम के लिए, इसलिए अविस्मरणीय रहा, क्योंकि वहाँ के प्रत्येक क्षेत्र में खेले गए मैच में भारतीय टीम विजयी रही।

पर्थ में क्लेयरमोण्ट शो ग्राउंड पर पश्चिमी आस्ट्रेलिया एकादश के खिलाफ मैच में भारत की विजय अत्यन्त ही आसान रही। ऐडिलैडे में 2 मई को भारतीय टीम ने दक्षिण आस्ट्रेलिया को एक के मुकाबले दस गोलों से हरा दिया। इस मैच की विशेषता यह थी कि यह मैच एडिलेड के सुन्दर क्रिकेट मैदान पर खेला गया था तथा इसके विशिष्ट अतिथि डॉन ब्रेडमैन थे। मैच के बाद डॉन ब्रेडमैंन ने बताया था कि उन्होंने अपनी जिदंगी में पहली बार हॉकी मैच देखा था। वहाँ के महापौर की उपस्थिति में सर डॉन ब्रैडमैन से भारतीय टीम की मुलाकात ''सिटी हॉल'' में हुई थी। बाबूजी ने ब्रेडमैन के साथ फोटो खिंचवाई थी, जिसे बाद में कभी–कभी देखकर काफी रोमांचित हो जाया करते थे।

भारतीय टीम 4 मई को मेलबोर्न पहुँची। विक्टोरिया के खिलाफ एक मैच खेलकर उसे 15–4 से हरा दिया। सिडनी में 'सिडनी महानगर एकादश' के खिलाफ मैच खेलकर भारतीय हॉकी टीम ने उसे 4 के मुकाबले 11 गोलों से हरा दिया।

न्यूजीलैण्ड में तीन मैच मुख्यतया खेला गया, जिसमें प्रथम मैच 22 जून को क्राइस्ट चर्च में खेला गया। यह टेस्ट मैच भारत 2 के मुकाबले 4 गोलों से जीता।

भारतीय टीम ने उत्तरीद्वीप में जाने के लिए पुन: समुद्र पार किया और दूसरा टेस्ट मैच बैलिंगटन में 21 जून को खेला। इस मैच में न्यूजीलैण्ड ने भारतीय टीम को बराबर की टक्कर दी। इस मैच के बाद भारतीय टीम अगले मैच के लिए सतर्क हो गई।

तीसरा टेस्ट मैच 20 जुलाई को आर्कलैण्ड में खेला गया। भारतीय टीम ने इस टेस्ट मैच में न्यूजीलैण्ड को एक के मुकाबले सात गोलों से पराजित किया।

कैटी में भारतीय टीम का माओरिओ द्वारा भव्य स्वागत किया गया था। माओरिओ का मानना था कि वे हजारों वर्षों पूर्व एशियाई देशों से आकर न्यूजीलैण्ड में बस गये थे तथा उनका सम्बन्ध भारत से भी था। माओरी लोगों ने भारतीय टीम के साथ मैच खेला। भारतीय टीम ने उन लोगों के साथ अन्तिम मैच खेला। इस अवसर पर माओरी लोगों ने भारतीय दल को कशीदाकारी और नक्काशी के काम से युक्त एक शील्ड भेंट किया था। यह शील्ड उत्तर प्रान्तीय चैंपियनशिप में ट्राफी के रूप में दी जाती रही है। बाद में यह ट्राफी पाकिस्तान चली गई।

इस प्रकार दोबारा न्यूजीलैण्ड की यात्रा एवं भारतीय हॉकी टीम के द्वारा खेला गया खेल भारतीय हॉकी के इतिहास में अपना महत्त्वपूर्ण स्थान बनाकर अमिट छाप छोड़ गया। भारतीय शक्ति, भारतीय ऊर्जा, तथा भारतीय ताकत, का खेल के माध्यम से अभूतपूर्व प्रदर्शन हुआ। ○○

बर्लिन ओलम्पिक-1936

हॉकी कप्तान ध्यानचन्द

सन् 1936 तक 'जर्मनी' साम्राज्यवाद के अंतर्गत यूरोप में अपनी जड़ें मजबूती के साथ जमा चुका था। हिटलर के नेतृत्व में जर्मनी का उदय एक शक्तिशाली देश के रूप में हो चुका था तथा प्रत्यक्ष एवं अप्रत्यक्ष रूप से यूरोपीय देशों पर अपना प्रभुत्व जमाते हुए, बदले की भावना से ओतप्रोत हो चुका था।

अपराजेय हिटलर को उसकी ही धरती पर पराजित करने हेतु गुलाम भारत की ''हॉकी टीम'' के तैयार होने की प्रक्रिया भी प्रारम्भ हो चुकी थी। सन् 1936 के ''बर्लिन—ओलम्पिक'' में जर्मनी की ऐतिहासिक हार ने यूरोप के खेल के इतिहास को बदल कर रख दिया। कभी न झुकने वाले सिर ने भारतीय हॉकी के कप्तान के समक्ष अपना सिर झुका लिया तथा सम्मानित करने हेतु, कभी न हारने वाले अपने हाथ भी भारतीय हॉकी टीम को सम्मानित करने हेतु उठाये।

''यूरोपीय इतिहास'' का यह वह दिन था, जिस दिन भारतीय हॉकी का इतिहास मुस्कुरा रहा था। भारतवासी अपने इस जीत से प्रफुल्लित और

1936 के बर्लिन ओलम्पिक के स्टेडियम का वायुयान से लिया गया चित्र

गौरवान्वित हो रहे थे एवं अंग्रेजों को भारत से भगाने हेतु स्वत: आधारशिला तैयार हो रही थी।

दिसम्बर 1935 में भारतीय हॉकी संघ ने अपनी एक बैठक में निश्चय किया कि अगले वर्ष 1936 में होने वाले ओलम्पिक में भाग लने हेतु भारतीय टीम भेजी जाएगी। पुन: यह निश्चित हुआ कि पिछले दो बार की तरह इस बार भी अन्तरप्रान्तीय टूर्नामेंट कलकत्ता में किया जाये, ताकि भारतीय टीम का चयन हो सके। बंगाल हॉकी संघ के इस अविस्मरणीय योगदान को भुलाया नहीं जा सकता। जब–जब भारत के हॉकी ओलम्पिक–विजय का जिक्र होगा, तब तक बंगाल हॉकी संघ के सहयोग एवं सहायता को भी याद किया जाएगा।

बाबूजी इस बार भी अन्तरप्रान्तीय टूर्नामेंट में भाग नहीं ले पाये, लेकिन इसके बाबजूद भारतीय हॉकी संघ ने न केवल उन्हें भारतीय टीम में सम्मिलित किया, बल्कि इस बार उन पर कप्तानी की जिम्मेदारी भी सौंप दी गई।

टीम के नेतृत्व के लिए तीन नामों का प्रस्ताव था– जफर, एम.एन. मासूद तथा ध्यानचंद्र। बाद में जफर ने ध्यानचन्द के पक्ष में अपना नाम वापस ले लिया। भारी संख्या में हॉकी संघों ने बाबूजी के नाम का समर्थन किया था।

श्री जगन्नाथ स्वामी को मैनेजर तथा श्री पंकज गुप्ता को सहायक मैनेजर के रूप में जाना निश्चित हुआ था। इस सम्बंध में मासूद अपनी किताब ''विश्व के हॉकी चैम्पियन– 1936'' में लिखते हैं कि ''यह ध्यान देने की बात है कि भारतीय हॉकी संघ के अध्यक्ष सर जगदीश प्रसाद से परिचित होने का सौभाग्य न मुझे मिला और न ही ध्यानचंद को। हमारे चयनकर्ता (सर जगदीश प्रसाद) ने न ही कभी हम लोगों को खेलते हुए देखा था, किन्तु फिर भी कप्तानी जैसी जिम्मेदारी के पद के लिए, मैदान में या उससे बाहर हम लोगों को देखे बिना ही उन्होंने हममें से दोनों का चयन कर लिया था''

बर्लिन ओलम्पिक में कोट का पिन

भारतीय हॉकी संघ के अध्यक्ष के विश्वास की कसौटी पर बाबूजी (मेजर ध्यानचंद) खरे उतरे। उन्होंने उनके विश्वास को डिगने नहीं दिया।

कलकत्ता में 1936 में खेले गए अन्तरप्रान्तीय टूर्नामेंट में कुल तेरह टीमों ने भाग लिया।

टूर्नामेंट समाप्त होने के तुरन्त बाद भारतीय हॉकीसंघ की चयन समिति, जिसमें हर भाग लेने वाली टीम का एक प्रतिनिधि था, बर्लिन ओलम्पिक खेलों के लिए 17 सदस्यीय टीम की घोषणा की जो निम्नवत् है–

आर.जे. एलन (बंगाल) गोलरक्षक, सी. तापसेल (बंगाल) बैक, मुहम्मद हुसैन (मानवदार) बैक, गुरुचरन सिंह (पंजाब) बैक, जे. फिलिप्स (बम्बई) बैक,

1936, बर्लिन ओलम्पिक के फाइनल मैच में विजयी टीम, नीचे बैठे हुए सबसे बाँये मेजर ध्यानचन्द

ई.जे.सी. कुलेन (मद्रास) हाफ बैक, एम.एन. मासूद (मानवदार) हॉफ बैक, बी निमाल (बम्बई) हाफ बैक, जे. गैलीबड़ी (बंगाल) हॉफ बैक, अहसान मुहम्मद खान (भोपाल) हॉफ बैक, आर.जे. कार (बंगाल) फारवर्ड, शाहबुद्दीन (मानवदार) फारवर्ड, ध्यानचन्द (सेना) फारवर्ड, रूपसिंह यू.पी. फारवर्ड, एस. एम. जफर (पंजाब) फारवर्ड, पी.पी. फर्नाडीज) फारवर्ड।

1932 के ओलम्पिक में प्राप्त ध्यानचन्द का मैडल

27 जून, को पी. एण्ड ओ. के. पोत 'रनदुरा' से भारतीय ओलम्पिक टीम मुंबई से जीत का परचम फहराने के लिए निकल पड़ी थी।

समुद्रीयात्रा अदन पहुँचने तक काफी तकलीफदेह रही। अदन पहुँचने तक कई खिलाड़ियों ने ढंग से खाना तक नहीं खाया था। 2 जुलाई को जब जहाज अदन पहुँचा, तब टीम ने चैन की साँस ली।

अदन से मार्सेलिस तक की यात्रा काफी सुखदायी रही, क्योंकि मैसूर के महाराजाधिराज कृष्ण राजा वोडियार उसी जहाज में यात्रा कर रहे थे। उनके साथ उनका पूरा काफिला था तथा युवराज भी थे। वे लोग इलाज के लिए जा रहे थे। महाराज ने टीम को अपना बहुत समय दिया। वे टीम के साथ बैठा करते थे। चूँकि उनका खाने का अपना स्वयं का प्रबन्ध था, अत: टीम को भारतीय खाना भी मिल जाया करता था।

ओलम्पिक टीम 10 जुलाई को मार्सेलिस पहुँच गई। वहाँ बन्दरगाह के अधिकारी हड़ताल पर थे, अत: भारतीय टीम को अपना सारा सामान स्वयं

1936 के बर्लिन ओलम्पिक में प्राप्त ध्यानचन्द का मैडल

उठाना पड़ा। हमारे भारतीय लोग जो साहबियत की भावना से ग्रस्त थे, उन्हें मजबूरी में ही अपना सामान ढोना पड़ा था।

मार्सेलिस से पेरिस तक की यात्रा रेलगाड़ी से की जानी थी। भारतीय टीम ने यात्रा तृतीय श्रेणी में की थी। गाड़ी में रेस्टोरेंट की भी व्यवस्था थी, परन्तु भारतीय टीम जो इतनी बड़ी हॉकी के ''अश्वमेघ–यज्ञ'' में भाग लेने जा रही थी, भारत का नाम विश्व में चमकाने जा रही थी, परन्तु बिडम्बना देखिए, उनके पास पैसे के अभाव के कारण खिलाड़ियों ने खाना तक न खाकर नाश्ते से ही काम चला लिया। खिलाड़ियों का यह त्याग आज के खिलाड़ियों के लिए प्रेरणास्रोत है। भारतीय टीम ने कभी इस बात की परवाह नहीं की कि वे किन हालातों में यात्रा कर रहे हैं। उन्हें हॉकी खेल से मतलब था, अपने देश का नाम रोशन करने का जोश था।

शाम को टीम पेरिस पहुँच गई एवं पेरिस में रात को रुककर भारतीय टीम ने ''एफिलटावर'' नोटेड्रेम ''आर्क डे ट्रियोम्फ'' आदि देखा। बर्लिन पहुँचने के लिए पुनः रात्रि में पेरिस से ट्रेन पकड़ी और पुनः तकलीफों का सिलसिला प्रारंभ हो गया। तृतीय श्रेणी के डिब्बे में, जिसमें जगह प्राप्त करना एक अत्यन्त ही कठिन कार्य था, टीम को पूरी रात जागकर ही गुजारनी पड़ी, क्योंकि उनके मन में अपने देश के लिए खेलने और देश की इज्जत बढ़ाने का जज्बा एवं जोश भरा हुआ था। अतः टीम ने इस प्रकार की परेशानियों की बिल्कुल परवाह नहीं की। फ्रांस और जर्मनी की सीमाओं पर केवल एक ही सख्त कानून था कि जर्मनी ने अपने देश में विदेशी मुद्रा लाने की सख्त मनाही कर रखी थी। जिस आसानी से दोनों देशों की सीमा

टीम पार कर गई, सभी लोग आश्चर्यचकित रह गये, क्योंकि ये दोनों देश एक दूसरे के दुश्मन रहे हैं।

जर्मनी पहुँचने पर विशाल जनसमूह स्वागत हेतु पहुँचा था। यहाँ तक कि रोमांचित करने वाली बात यह थी कि बर्लिन में रहने वाले भारतीय भी पहुँचे थे, जिनके हाथों में तिरंगा झंडा था। बर्लिन ओलम्पिक की संयोजन समिति के अध्यक्ष डॉ. डीम और जर्मनी हॉकी के अध्यक्ष तथा अंतर्राष्ट्रीय हॉकी संघ के अध्यक्ष श्री हर एर्क्स ने आधिकारिक रूप से टीम का स्वागत किया, जर्मनी भाषा में भाषण दिया गया और सबके अंत में ''हेल हिटलर'' की आवाज लगाई गई, जिसकी प्रतिध्वनि भीड़ ने भी की।

टीम को एक विलासितापूर्ण और आरामदेह बस में ''ओलम्पिक'' गाँव तक पहुँचाया गया, जो बर्लिन से 10 मील दूर था। जर्मनी में हिटलर ने कुछ लोगों को विश्व के प्रत्येक मुख्य भाषाओं में पारंगत कर रखा था। भारत की टीम के साथ ग्रीक सेना के कैप्टन फनेल्सा भारतीय टीम के दुभाषिये थे, जो फर्राटेदार अंग्रेजी बोलते थे। हिटलर यह नहीं चाहता था कि कोई विदेशी जर्मनी के विषय में उससे अधिक जाने, जितना उसके लिए अधिकारियों द्वारा स्वीकृत है। जर्मनी के बारे में ज्यादा जानकारी बाहर से आये टीमों के सदस्य को हो न पाये, इसलिए ऐसा प्रबन्ध किया गया था। यह व्यवस्था भारतीय टीम को कुछ अजीब–सी लगी, क्योंकि इसके पूर्व लॉस एंजिल्स ओलम्पिक में तो अधिकारियों ने हर देश की टीम के साथ उसी देश के व्यक्ति को साथ कर

बर्लिन का ओलम्पिक मैडल पृष्ठ भाग

दिया था। दुभाषिये के रूप में भालचन्द्र जो पंजाब के रहने वाले थे, उस समय के कैलिफोर्निया में जाकर बस गये थे, वे भारतीय टीम के लिए दुभाषिये और मार्गदर्शक बनकर साथ रहे।

इस प्रकार हिटलर चाहता था कि जर्मनी के बारे में किसी भी प्रकार की जानकारी, ओलम्पिक में सम्मिलित होने वाले किसी भी देश के खिलाड़ी के माध्यम से देश के बाहर न जा सके, क्योंकि उन दिनों हिटलर अपनी सैन्यशक्ति बढ़ाकर युद्ध हेतु अपने देश को तैयार कर रहा था।

ओलम्पिक–ग्राम पहुँचने पर ओलम्पिक–ग्राम के कमांडर ने भारतीय टीम का स्वागत किया। इसके पश्चात् सभी को कार्टेज में आराम करने हेतु पहुँचा दिया गया। भारतीय टीम जिस कार्टेज में ठहरी थी, उसका नम्बर 113 था एवं नाम था ''एलबिंग कॉटेज'', जिसमें 20 पलंग डाले गये थे। सभी सुख–सुविधाओं की पूर्ण रूप से व्यवस्था थी। यहाँ तक कि टेलीफोन, रेफ्रिजरेटर के भी इंतजाम किये गये थे। दो नौकर जिनके नाम 'ओटो' और 'शिमिट' थे, उनके लिए रखे गये थे। इनमें से 'ओटो' बूढ़ा नाविक था, जिसने अनेकों बार भारत की यात्रा की थी और अच्छी अंग्रेजी बोल लेता था। दूसरा 'शिमिट' साफ अंग्रेजी नहीं बोल पाता था। वहाँ के बने कॉटेज पक्की इँटों तथा लोहे से बनाए गये थे। शायद इस खेल के बाद, सेना के मुख्यालय के रूप में उपयोग करने की योजना रही होगी, क्योंकि हिटलर की तैयारी विश्वस्तर पर युद्ध करने की थी।

इसके विपरीत लॉस एंजेल्स में ओलम्पिक टीम के ठहराने के लिए बने कॉटेज अस्थाई थे, जिन्हें बाद में हटाया जा सकता था।

भोजन करने की व्यवस्था वहाँ से लगभग आधे मील पर बनी एक बड़ी गोलाकार इमारत में दूसरी मंजिल पर थी। ठहरने की जगह से भोजनकक्ष के

दूर रहने के कारण कभी–कभी भारतीय खिलाड़ियों को भोजन की इच्छा का परित्याग भी करना पड़ जाता था।

बर्लिन ओलम्पिक का मैडल

एक दिन हरमैन गोयरिंग खाने के लिए प्रविष्ट हुए, फिर वापस लौट गए। उनके पीछे हस्ताक्षर लेने के लिए खिलाड़ी पहुंचे, परन्तु वे नहीं मिल पाये।

भारतीय टीम ने वहाँ अपना अभ्यास प्रारंभ कर दिया था। इसी बीच एक अत्यन्त ही अनहोनी घटना भारतीय टीम के साथ हुई। 11 जुलाई को एक अभ्यास–मैच में भारतीय टीम का मुकाबला 'जर्मनी अंतर्राष्ट्रीय टीम' के साथ हुआ। यह मैच बर्लिन में हुआ था, जिसमें भारत एक के मुकाबले चार गोल से हार गया था। यह पराजय भारतीय टीम के लिए बहुत बड़ा सदमा साबित हुई। जर्मनी की टीम ने जीत के लिए कड़ी मेहनत की थी। उसकी टीम 26 खिलाड़ियों में से छाँटी गई थी, जो कि ''जर्मनी हॉकी प्रतिनिधि मंडल'' के सदस्य थे। रूपसिंह बीमारी के कारण खेल में शामिल नहीं हो सके थे।

उस दिन के अभ्यास–मैच का परिणाम इतना अधिक सदमा देने वाला था कि बाबूजी ने न तो रात्रि का खाना खाया और न ही रात भर सो सके। इस संबंध में 'हिन्दू' के विशेष संवाददाता ने लिखा कि ''आगन्तुक भारतीय टीम ने अपना प्रथम मैच जर्मनी ओलम्पिक टीम के खिलाफ गत शुक्रवार को खेला और बुरी तरह हारे। हालाँकि खेल के हिसाब से उन्हें हारना नहीं चाहिए था, लेकिन उन्होंने 6 खूबसूरत पके–पकाये मौके छोड़े। एक तरह से हालाँकि इस मैच का परिणाम किसी भी तरह, कहीं भी जोड़ा नहीं जाएगा, क्योंकि भारतीयों को अभ्यास दिखाने के मकसद से खेला गया यह प्राइवेट मैच था,

फिर भी यह प्रतीत होता था कि भारतीय खिलाड़ियों के दिमाग में यह बात घर कर गई थी कि जर्मनी हॉकी ने इस बीच बड़ी तरक्की की है और यदि उनको फाइनल में जर्मनी से खेलना पड़ा, तो भारत के पास कोई अभ्यस्त इनसाइड राइट न होने और मासूद के अपने पूरे फार्म में न खेल पाने के कारण विजय पाना मुश्किल होगा। इसलिए टीम के सभी सदस्य इस बात पर जोर दे रहे थे कि एक 'इनसाइड राइट' हिन्दुस्तान से तुरन्त बुलाया जाये। इसलिए एक प्राणरक्षक संदेश अचानक भेजा गया था।''

किस प्रकार खेल के स्तर में सुधार लाया जाये तथा क्या–क्या परिवर्तन लाया जाये, यह सवाल बाबूजी को मथता रहा। फिर उसी दिन रात्रि में बाबूजी ने जगन्नाथ स्वामी, श्री गुप्ता एवं जफर के साथ एक बैठक की। इस बैठक में यह निश्चित किया गया कि मासूद को अवश्य ही बदला जाना चाहिए। सभी का विचार था कि उस मासूद के स्थान पर स्थापन्न खिलाड़ी अवश्य बुलाया जाये। उसी रात श्री गुप्ता बर्लिन गये और भारतीय हॉकी संघ के अध्यक्ष कुँवर सर जगदीश प्रसाद को एक तार भेजा, जिसमें दारा को भेजने के लिए कहा गया था। यदि दारा उपलब्ध न हो सके, तो फ्रेंक वैल्स या एरिक हेण्डरसन और पिन्नीगर को भेजा जाये। भारतीय टीम ने यह निश्चय किया कि यदि पिन्नीगर उपलब्ध न हो पाये, तो मद्रास के कुलेन को 'सेंटर हॉफ' खिलाया जाएगा लेकिन मासूद को नही। यह प्रबन्ध तब तक जारी रखा गया, जब तक दारा उनके पास पहुँच नहीं गये। 'दारा' सेमीफाइनल के ठीक एक दिन पहले पहुँचे थे, जिसमें भारत को फ्रांस के खिलाफ खेलना था।

बार्लिन ओलम्पिक के अन्तर्राष्ट्रीय मैच

1936 के बर्लिन ओलम्पिक में जब भारतीय हॉकी टीम पहुँची तब वहाँ के पत्रकारों ने लिखा– "ओलम्पिक ग्राम में एक जादू का खेल भी है।" अगले दिन पूरे बर्लिन में पोस्टर लग गए– "हॉकी स्टेडियम में पहुँचो और भारतीय जादूगर के आश्चर्यजनक खेल को देखो।"

1936, बर्लिन ओलम्पिक में पुस्तक पढ़ते ध्यानचन्द

फाइनल मैच के बाद दर्शकगण ध्यानचन्द के पास जाकर, उनके हॉकी को छूकर देखते थे कि कहीं इसमें कोई चुम्बक तो नहीं लगा है, जिससे गेंद हॉकी से चिपकी रहती है। इस ओलम्पिक की सबसे विशेषता यह थी कि जिस समय ओलम्पिक खेल का उद्घाटन हुआ, ध्यानचन्द को झंडा लेकर आगे चलकर टीम का नेतृत्व करने का मौका मिला। भारतीय टीम और अमेरिकी टीम ही ऐसी टीम थी, जिसने हिटलर को सलामी नहीं दी। इस पर वहाँ बहुत देर तक तहलका–सा मच गया। इसके बाद भी जर्मनी के लोग ध्यानचन्द से इतने प्रभावित थे कि वे उनको जर्मन ध्यानचन्द कहते थे।

भारत ने पहला अन्तर्राष्ट्रीय मैच हंगरी के खिलाफ खेला था, जिसमें भारत ने हंगरी को शून्य के मुकाबले चार गोल से हरा दिया था। हंगरी के साथ

खेलते समय उनका गोलकीपर हार को कम से कम रखने के लिए जी–जान से जुटा था तथा हंगरी की सुरक्षा पंक्ति बहुत ही मजबूत थी। मैच के बाद बड़ौदा के महाराज तथा महारानी ने होटल "एडलन" में भारतीय टीम को आमंत्रित किया था।

सात अगस्त को भारतीय टीम ने अमेरिका के खिलाफ मैच खेला तथा अमेरिका को 7–0 से परास्त किया था। शाम को ब्रिटिश राजदूत सर एरिथ फिलिप्स ने टीम को आमंत्रित किया था।

अगला मैच भारत का जापान के साथ 10 अगस्त को था। जापानी खिलाड़ियों का खेल बिल्कुल भी अच्छा नहीं था, जो उनके खेल को देखकर समझा जा सकता था। उन्हें बड़ी ही असानी से 9–0 से हरा दिया गया। मैच के बाद टीम को बर्लिन के "ओरियंटल क्लब" ने भोजन पर आमंत्रित किया था। उसी दिन दारा वहाँ पहुँचे थे।

चौथा सेमीफाइनल मैच 12 अगस्त को फ्रांस के साथ था। इस मैच से दारा ने खेलना प्रारंभ किया था। इस मैच में फ्रांस को 0 के मुकाबले 10 गोल

बर्लिन ओलम्पिक अंतर्राष्ट्रीय मैच में गोल दागते हुए ध्यानचन्द

1936 बर्लिन ओलम्पिक फाइनल मैच जर्मनी के विरुद्ध गोल करते हुए ध्यानचन्द

से हरा दिया गया था। इस मैच में गोल करने वाले थे दारा–2, तापसेल और शहाबुद्दीन दोनों ने एक–एक, रूपसिंह दो तथा बाबूजी के चार गोल रहे। मैच देखने वालों ने भारतीय टीम की खूब प्रशंसा की। शाम को बर्लिन मस्जिद कमेटी ने भारत के लोगो को स्वल्पाहार के लिए आमंत्रित किया था।

फाइनल मैच 14 अगस्त को होना था, किन्तु उस दिन वर्षा होने के कारण मैच स्थगित कर दिया था। फाइनल मैच जर्मनी के साथ था।

OO

तिरंगे को सलामी

फाइनल मैच खेलने का दिन 15 अगस्त का शुभ दिन था। एक बार अभ्यास–मैच जर्मनी के साथ हार जाने के कारण भारतीय खिलाड़ियों के मन के किसी कोने में थोड़ा भय तो समाया हुआ ही था, मैच प्रारंभ होने के पूर्व कप्तान की जिम्मेदारी होती है कि वह अपने खिलाड़ियों के मनोबल को बढ़ाने हेतु सारे यत्न करे।

बाबूजी सोच रहे थे कि ऐसा क्या किया जाये कि सारे खिलाड़ी 'करो या मरो' की स्थिति में आ जायें। अचानक उन्हें एक उपाय सूझा। उन्होंने श्री गुप्ता के साथ 15 अगस्त के मैच प्रारंभ होने के पूर्व ड्रेसिंग रूम में बैठक की। इसमें बाबूजी ने बिना कुछ बोले तिरंगे झंडे को सभी भारतीय खिलाडियों के सामने रख दिया। उन्होंने न बोलते हुए भी अपने टीम के खिलाड़ियों से सब कुछ कह दिया। सारे खिलाड़ी रोमांचित हो उठे। सभी भारतीय खिलाड़ी उठे, उन्होंने अपने प्यारे तिरंगे को सलामी दी, जो उस समय उनका इष्ट देव बन गया था तथा ऊर्जा व स्फूर्ति से भरकर 'भारत माँ' का नाम रोशन करने के लिए वे चल पड़े खेल के मैदान की ओर।

स्टेडियम में खेल देखने के लिए पहुँचे थे, बड़ौदा के शासक, भोपाल की राजकुमारी और काफी संख्या में भारतीय प्रवासी, जो बहुत दूर–दूर से

चलकर मैच देखने के लिए आये थे। इस प्रकार करीब 40000 दर्शकों की भीड़ वहाँ इकट्ठी थी। जैसे ही टीम उतरी, दर्शकों की तालियों की गड़गड़ाहट से उनका स्वागत हुआ। जर्मनी के खिलाड़ी सोच रहे थे– भारतीयों को हराना कोई मुश्किल नहीं है, क्योंकि अभ्यास मैच की जीत ने उनका मनोबल और सोच को काफी बढ़ा दिया था।

खेल प्रारंभ हुआ। जर्मनी ने आत्मविश्वास के साथ खेलते समय भारतीय शैली की नकल प्रारंभ किया, जो उनके लिए काफी महँगा पड़ा। मध्यान्तर तक जर्मनी ने एक गोल कर दिया था। मध्यान्तर के बाद भारत ने चारों तरफ से धावा बोल दिया और जर्मन टीम इस दबाव को बर्दाश्त नहीं कर सकी तथा जल्द ही धराशायी हो गई। जर्मनी की टीम चार गोल से पीछे थी। एक गेंद ऐलन के पैड पर आकर लगी, फिर 'डी' पर जाकर गिरी और गेंद रोकने के पहले फुर्ती से जर्मन खिलाड़ी 'वीज' ने गेंद भारत के जाल में डाल दिया। मात्र यह एक गोल था, जो जर्मनी ने भारत के ऊपर 8 गोलों के जवाब में किया था।

'द विजार्ड' नामक पुस्तक में अरुण युगम ने लिखा है– 'सन् 1936 ओलम्पिक के इस फाइनल में भारत ने 6 गोलों से अपनी बढ़त बना ली थी। प्रतिद्वंदी गोलकीपर ने ध्यानचन्द को बुरी तरह जख्मी कर दिया था, जिससे उनके दाँत टूट गये थे तथा प्राथमिक चिकित्सा हेतु उन्हें मैदान छोड़कर जाना पड़ा था। वापस लौटकर आने के बाद विनम्रता तथा संयमपूर्वक मारने वाले विपक्षी खिलाड़ी को समझाते हुए ध्यानचन्द ने कहा था– "खेलते समय कभी आक्रामक रुख अपनाना अच्छा नहीं होता है, इससे खेल का प्रदर्शन अच्छा होने के बजाय बिगड़ जाता है"।

इस मैच में गोल करने वाले थे–रूपसिंह, तापसेल और जफर। प्रत्येक ने एक–एक गोल, दारा–दो, ध्यानचन्द (बाबूजी) ने तीन गोल किये थे। दोनों ओर की टीमें निम्नवत् थीं –

भारत–ऐलन, तापसेल, मुहम्मद, सेन, निमाल, कुलेन, हुगल्ली वर्दी, शाहबुद्दीन दारा, ध्यानचन्द, रूपसिंह और जफर।

जर्मनी–डोस, कैमर और जेण्डर, गार्डेज, केलर और शिलालिक्स, हफमैन, हैमल, बीज, शरर्बट और मैसनर।

इस फाइनल–मैच को देखने के लिए हिटलर स्वयं जीत के मनसूबे बाँधकर आया था, परन्तु अपनी टीम को हारते हुए देखकर, मैच के बीच से ही उठकर चला गया, क्योंकि अपने जीवन में उसने हारना सीखा नहीं था, न ही हार उसे पसंद थी। दर्शकों में हिटलर के साथ ऊँचे पदों पर आसीन नाजी अफसर भी फाइनल मैच देखने आए थे, जिनमें हरमन गैरी, जोजफ गैबल्स और जैकिम रीब्रेनटाफ भी थे। चाचाजी (रूपसिंह) ने इस मैच के बारे में बताया था 'कि इस मैच के दौरान जब खेल खत्म होने में 5 मिनट रह गए, तब दद्दा (ध्यानचन्द) ने सभी खिलाड़ियों से कहा– "तुम सब अब मुझे पास दो और मैं आगे देख लूँगा।" इसके बाद ध्यानचन्द ने चार गोल 5 मिनट में कर डाले और भारतीय टीम विजयी हुई। यह खेल उनका ऐसा खेल था, जिसने बाले तिवारी को दिए गए वचन को तोड़ डाला लेकिन विजय प्राप्त की। उल्लेखनीय है कि बाले तिवारी ने खेल के प्रारंभिक दिनों में ध्यानचन्द को केवल अपने ही न खेलने की नसीहत दी थी, जिसका इस खेल तक दद्दा ने पालन किया था।'

खेल का वर्णन करते हुए 'हिन्दू' के विशेष संवाददाता ने लिखा था कि ''सारा खेल रोमांचक आक्रमणों के आदान–प्रदान से परिपूर्ण था। यह डर बराबर प्रकट किया गया था कि क्या सुबह तक मैदान, जो पिछले दिन की मूसलाधार वर्षा के कारण डूब गया था, खेलने लायक हो जाएगा और क्या मौसम अगली सुबह तक मेहरबान रहेगा? यह सारी आशंका उस समय दूर हो गयी थी, जब सुबह–सुबह ही चमकता हुआ सूरज निकल आया था।

लेकिन खेल के समय तक भी मैदान गीला था। ऐसे मैदान पर बड़ी तेजी से खेल खेला गया था। जर्मन खिलाड़ियों ने अंडरकट का सहारा लिया था और गेंद को उठाकर खेले थे, किंतु भारतीय टीम ने हॉफबौली और चकित कर देने वाले लंबे–लंबे शाटों से खेला था। दो बार दादा ने गोल करने की कोशिश की, किंतु वह हर बार ऑफ साइड करार दिये गये। तब ध्यानचन्द ने अपने मोजे और नुकीले जूते उतार कर फेंके और केवल नंगे पैर तथा रबर सोल के जूते पहनकर वे खेले थे, जिस वजह से उत्तरार्द्ध के खेल में उनकी गति काफी तेज हो गई थी। शक्तिशाली जर्मन आक्रमणों को बड़ी बहादुरी से एलेन और तापसेल ने नाकाम कर दिया। 'वीज' के द्वारा किया गया गोल ही एक मात्र ऐसा गोल था, जो सारे ओलंपिक टूर्नामेंट के दौरान भारत पर किया जा सका था। खेल की समाप्ति तक जर्मन खिलाड़ी थक चुके थे और दारा ने आपसी तालमेल, तापसेल ने विश्वसनीयता और जफर ने अपनी अबाध गति के विस्फोट से सभी को प्रभावित किया।

'हिंदू' के संवाददाता ने आगे लिखा था कि ''टीम का हर सदस्य अभ्यास–मैच में जर्मनी खिलाड़ियों के हाथों खाई पहली हार के कारण तनाव महसूस कर रहा था और कोई भी सामान्य अवस्था में न था। स्पष्ट रूप से सभी खिलाड़ी इस बात से बड़े चिन्तित और घबराते हुए नजर आ रहे थे कि फाइनल का परिणाम क्या होगा? यह चिंता इस तथ्य से और बढ़ गई थी कि देश की इज्जत की रक्षा करने का भार उनके कंधों पर था। मैदान में पानी के तालाब बन गये थे और पहले दिन तो कोई भी खेल संभव नहीं हो पाया।''

इस प्रकार 'हिंदू' के विशेष रिर्पोटिंग से भारतीय एवं जर्मन टीम की मन:स्थिति खेल से पहले एवं खेल के समय किस प्रकार थी, साफ हो गई। किन परिस्थितियों में भारत की जीत तथा जर्मनी की हार हुई, उपर्युक्त विशेष उल्लेख से साफ पता चलता है।

16 अगस्त फाइनल मैच के अगले दिन आकर्षक एवं शानदार समारोह हुआ, जिसमें हिटलर और बुल्गारिया के राजा बोरित्स मुख्य अतिथि थे। हिटलर ने भारतीय ओलम्पिक खिलाड़ी को विशेष रूप से सम्मानित किया। उनसे हाथ मिलाया—जो कि अपने आपमें एक आश्चर्यजनक वाकया था, क्योंकि हिटलर एशिया मूल के लोगों को पसन्द नहीं करता था। हाथ मिलना तो दूर की बात है, वह उन्हें सम्मान की दृष्टि से भी नहीं देखता था। समारोह समाप्त होने के पहले सभी खिलाड़ियों को आगे होने वाले टोक्यो—ओलम्पिक में भाग लेने के लिए आमंत्रित किया गया, परंतु यह दूसरी बात है कि विश्वयुद्ध के कारण इस ओलम्पिक का आयोजन नहीं हो सका।

OO

हिटलर का प्रस्ताव

ओलम्पिक खेलों के समापन–समारोह के पश्चात् जर्मनी के ड्यूस हॉल में एक विशाल भोज का आयोजन किया गया था, जिसमें हिटलर भी शामिल था। एक लम्हा–जो ठहर गया था। हमारे अपने हॉकी के जादूगर ध्यानचन्द को हिटलर सोने का तमगा (पदक) पहना रहा है, तो दूसरी तरफ वह रूपसिंह की वाह–वाही करता हुआ यह भी कह रहा था–रूपसिंह! तुम विलक्षण हो। एक तरफ भारतीय पलटन मुस्करा रही थी, तो दूसरी तरफ जर्मनी की टीम असहाय–सी उसे देख रही थी। तब भारत आजाद नहीं हुआ था, परन्तु भारत की हॉकी आजाद थी।

यहीं बाबूजी के जीवन में एक ऐसी घटना घटी, जिसे वे याद करके रोमांचित हो जाते थे। हिटलर ने इस भोज में बाबूजी के खेल से प्रभावित होकर, उन्हें अपनी सेना में जनरल होने का प्रस्ताव रखा, जिसे बाबूजी ने शालीनता से अस्वीकार कर दिया। उन्हें अपना देश प्राणों से भी प्यारा था। वे अपने देश से दूर रहने की सोच भी नहीं सकते थे। उनका कहना था– 'देश के प्रत्येक व्यक्ति का अपने परिवार, समाज एवं देश के प्रति कुछ कर्त्तव्य होता है, जिसका निर्वाह प्रत्येक व्यक्ति को बिना किसी लोभ–लालच के अवश्य ही करना चाहिए।' उनका यह राष्ट्रप्रेम अपने देश के खिलाड़ियों के लिए प्रेरणास्रोत एवं अनुकरणीय है।

हिटलर द्वारा प्रदत्त एक मैडल

बाबूजी जीवनभर अभावों से सदा झूझते रहे। आर्थिक तंगी ने उनकी कमर तोड़ दी थी। बहुत बड़े संयुक्त परिवार, जिसमें 7 लड़के, 4 लड़कियाँ और दो बहनें, एक भाई मूलसिंह व एक बहन के पूरे परिवार की जिम्मेदारी इनके कंधों पर थी।

इनकी पत्नी जानकीदेवी (मेरी माताजी) ने पूरे परिवार की जिम्मेदारी सम्हाली तथा इतने बड़े परिवार का भार अपने कंधों पर लेते हुए बाबूजी को खेलने के लिए सदैव स्वतंत्र रखा। इस प्रकार बाबूजी की उपलब्धियों में माताजी का भी पूर्ण सहयोग रहा।

आर्थिक रूप से इतने लाचार होते हुए भी बाबूजी झुके नहीं। लोभ—लालच और नाम की कामना न करते हुए, अपने रा ट्र पर नाज करते हुए हिटलर को उसकी ही भूमि पर निराश किया, जो अपने—आप में एक अत्यंत ही महत्त्वपूर्ण उदाहरण है। इस घटना ने भारतीय हॉकी के इतिहास में अपनी अमिट छाप छोड़ा। जब—जब भारतीय हॉकी की बात होगी, तब—तब बाबूजी के इस त्याग और देशप्रेम को दोहराया जाएगा, जो भारतीय खिलाड़ियों तथा भारत की जनता का मार्गदर्शन करता रहेगा, जिसकी आज अत्यंत ही आवश्यकता है।

ओलम्पिक जीतने की खुशी के इनाम के तौर पर भारतीय हॉकीसंघ ने दल को लंदन में एक हफ्ते और रुकने की अनुमति प्रदान की।

भारत के उच्चायुक्त सर फिरोज खान नवाब नून, नवाब पटौदी और श्री जी.डी. सोंधी ने उस संक्षिप्त लंदन–प्रवास को काफी आनन्दमय बना दिया। सब लोगों को महान् क्रिकेटर खिलाड़ी श्री डी.आर. जार्दीन से मिलवाया गया।

जब तक टीम लंदन में थी, मैनेजर श्री जगन्नाथ इन लोगों को छोड़कर कुछ दिन के लिए पेरिस घूमने चले गये थे तथा ज्यूरिच में वापस आकर मिले। तब तक देखभाल का जिम्मा श्री पंकज गुप्ता का रहा। ज्यूरिच में ही भारत ने अपना अन्तिम अन्तर्राष्ट्रीय मैच 1 बजे रात्रि को पथरीले मैदान में ट्यूबलाइट की कृत्रिम रोशनी में खेला था।

जर्मनी में बाबूजी (ध्यानचन्द) कितने लोकप्रिय थे, इसके बारे में मेरे जेठ (उनके पुत्र अशोककुमार) ने एक संस्मरण में बताया "कि बात 1972 के म्यूनिख ओलम्पिक की है। हमारी हॉकी टीम के खिलाड़ी एक दिन प्रातः 10 बजे आपस में अभ्यास कर रहे थे, तभी हमारे कोच के.डी. सिंह बाबू के पास प्रैक्टिस के दौरान ही एक बड़ी–सी कार आकर रुकी। उसमें से एक स्ट्रेचर उतारा गया, साथ ही कार से कुछ लोग नीचे उतरे। उन्होंने अपना परिचय के. डी. सिंह बाबू को देते हुए कहा कि भारत से मेजर ध्यानचन्द के पुत्र हॉकी खिलाड़ी अशोक कुमार यहाँ आए हैं, उनसे मिलना है। के.डी. सिंह बाबू ने मुझे बुलाते हुए कहा– ये मेजर ध्यानचन्द के पुत्र अशोक कुमार हैं और मुझे लेकर वे स्ट्रेचर के पास गए। पास जाने पर मैंने देखा, उस पर एक वृद्ध पुरुष लेटे हुए थे, जो चलने–फिरने में असमर्थ थे। मैं यह देखकर दंग रह गया कि उक्त वृद्ध पुरुष बाबूजी के बहुत बड़े फैन थे। उन्होंने बाबूजी का मैच 1936 में बर्लिन ओलम्पिक में देखा था। बाबूजी के खेल ने उन्हें अत्यधिक प्रभावित किया था। उस समय के पेपर के कटिंग तथा अन्य कई कागज अब तक उन्होंने सम्हाल कर रखे थे, जिसे वे लेकर आए थे तथा मुझे अत्यन्त ही हर्ष

तथा सम्मानपूर्वक दिखाया। बाबूजी के प्रति प्रेम, खुशी और समर्पण की उनकी भावना ऐसी बन रही थी, जिसे शब्दों में बाँध पाना कठिन है।

खेल दुनिया में सर्वोपरि है। न तो उसका कोई दीन है न धर्म है, न ही उसकी कोई जाति या भौगोलिक सीमा है। उसे किसी दायरे में सीमित नहीं किया जा सकता। निष्काम खेल खेलने वाला खिलाड़ी अपने समाज, राज्य और देश की सीमाओं से निकलकर पूरी दुनियाँ के लोगों के हृदय में राज करता है।"

OO

बाबूजी का अफ्रीकी दौरा

बाबूजी द्वारा लिखे गये संस्मरण के कुछ पन्ने मुझे घर में मिल गये थे। उनके द्वारा लिखे गये संस्मरण में कुछ बातें ऐसी हैं, जो बरबस अपनी तरफ ध्यान आकृष्ट करती है। उनकी जिन्दगी में दो क्षण ऐसे आये थे, जब उन्हें हार्दिक प्रसन्नता प्राप्त हुई थी।

पहला वो क्षण था, जब उनकी टीम सन् 1928 में भाग लेने हेतु जाते समय इंग्लैंड रुकी थी। वहाँ भारतीय ओलम्पिक टीम ने इंग्लैंड के सर्वोत्तम हॉकी–महोत्सव, जिसे ''फोकस्टोन–महोत्सव'' के नाम से जाना जाता है, में भाग लिया था। भारतीय हॉकी टीम ने उस ''फोकस्टोन–महोत्सव'' में अपराजेय साम्राज्यवादी देश इंग्लैंड के खिलाड़ियों को उन्हीं की धरती पर बुरी तरह परास्त किया था। इंग्लैंड अपनी ही धरती पर भारतीय हॉकी टीम से पराजित होकर इस कदर अपमानित हुआ कि आगे अमर्स्टरडम में होने वाले ओलम्पिक में अपनी टीम ही नहीं उतारी। इस क्षण में बाबूजी ने अपने जीवन की अत्यधिक खुशी महसूस की थी।

दूसरा क्षण उनकी जिन्दगी में सन् 1948 में आया। सन् 1948 में लन्दन में ओलम्पिक खेल का आयोजन किया गया था। बाबूजी ने इस संबंध में लिखा था– ''मैंने अपने जीवन में इस क्षण का बेसब्री से इन्तजार किया था,

जो मेरे भाग्य में शायद नहीं था। मेरी प्रबल इच्छा थी मैं ओलम्पिक टीम में शामिल होकर लंदन जाऊँ तथा अंग्रेजों को उनकी ही धरती पर पराजित करूँ, परन्तु मेरी यह इच्छा पूरी हुई रेडियो पर इंग्लैंड की हार की खबर सुनकर। मैं न सही, परन्तु भारतीय ओलम्पिक टीम ने इंग्लैंड जाकर, इंग्लैंड की टीम को उनकी ही धरती पर परास्त किया। मैने इंग्लैंड के हार की खबर रेडियो द्वारा अपने कानों से सुना और अखबारों में पढ़ा, परन्तु आँखों से देखने की इच्छा अधूरी रह गई। लेकिन इस क्षण ने मेरे जीवन को खुशियों से भर दिया।

पूर्व अफ्रीकी एशियायी खेल संघ ने भारतीय हॉकी संघ से अनुरोध किया था कि एक भारतीय हॉकी टीम पूर्वी अफ्रीका में मैच शृंखला खेलने हेतु भेजी जाये, परन्तु उस टीम में बाबूजी अवश्य सम्मिलित हों, ऐसी शर्त भी साथ लगा रखी थी। पूर्वी अफ्रीका के प्रवासी भारतीय बाबूजी को देखने के लिए लालायित थे।

बांये ध्यानचन्द, दांये रूपचन्द महिला हॉकी खिलाड़ियों के साथ

श्री एस.के. सिन्हा (बंगाल) मैनेजर तथा श्री वी.ए. पियर्स (बम्बई) सहायक मैनेजर एवं बाबूजी के नेतृत्व में भारतीय टीम पूर्वी अफ्रीका के लिए 06 दिसम्बर 1947 को बम्बई से रवाना हो गयी।

15 दिसम्बर को टीम 'मोम्बासा' पहुँची। वहाँ एशियायी खेल संघ के अधिकारियों और भारतीय निवासियों ने टीम का भव्य स्वागत किया। केन्या और युगाण्डा उपनिवेशों के राज्यपालों ने भारत की टीम के लिए स्वागत–सन्देश भेजे थे।

यहाँ मैनेजर श्री सिन्हा द्वारा भ्रमण पर तैयार की गई रिपोर्ट के अनुसार "ब्रिटिश पूर्वी अफ्रीका में रहने वाले भारतीयों ने सारे भ्रमण पर हमारा भव्य स्वागत किया और बड़ी सद्‌भावना प्रदर्शित की"।

भारत ने ब्रिटिश पूर्वी अफ्रीका में कुल 28 मैच खेले और सभी मैच जीते। पूर्वी अफ्रीका के अखबारों ने भ्रमण के बारे में पर्याप्त विवरण प्रकाशित किया और खिलाड़ियों द्वारा प्रदर्शित की गई खेल भावना की काफी प्रशंसा की। पूर्वी अफ्रीका के लोगों द्वारा बाबूजी एवं उनके खेल को जी खोलकर सराहा गया। हॉकी के जादूगर की जादूगरी ने वहाँ के लोगों को मंत्रमुग्ध कर दिया।

OO

बाबूजी की शायरी

बाबूजी के व्यक्तित्त्व की एक अन्य विशेषता थी— शेरो—शायरी करना। फुर्सत के क्षणों में वे समकालीन फिल्मी दुनियाँ की नामी हस्तियों के लिए शब्द को जोड़—तोड़कर अपनी कलम चलाया करते थे।

सायराबानो, हेमामालिनी, अमिताभ बच्चन आदि के लिए बाबूजी ने अपने हृदय के भाव स्वयं अपनी कलम से व्यक्त किये। शेरो शायरी लिखना उनके कोमल मन के अन्दर छिपे कोमल भाव को व्यक्त करता है।

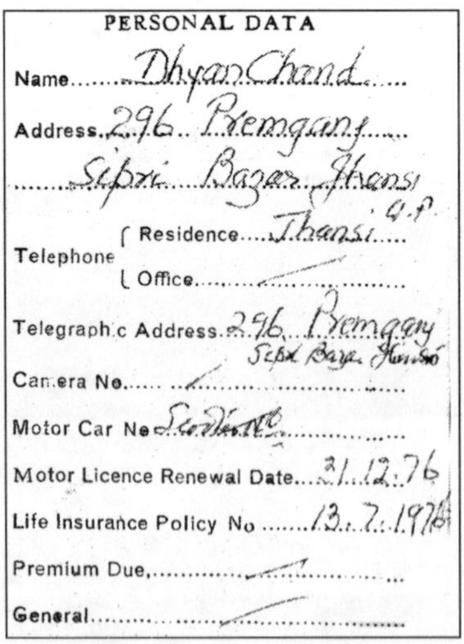
PERSONAL DATA

Name: Dhyan Chand

Address: 296 Premganj

Sipri Bazar Jhansi U.P.

Telephone { Residence: Jhansi

{ Office:

Telegraphic Address: 296 Premganj Sipri Bazar Jhansi

Camera No.

Motor Car No.

Motor Licence Renewal Date: 31.12.76

Life Insurance Policy No: 13.7.1976

Premium Due,

General

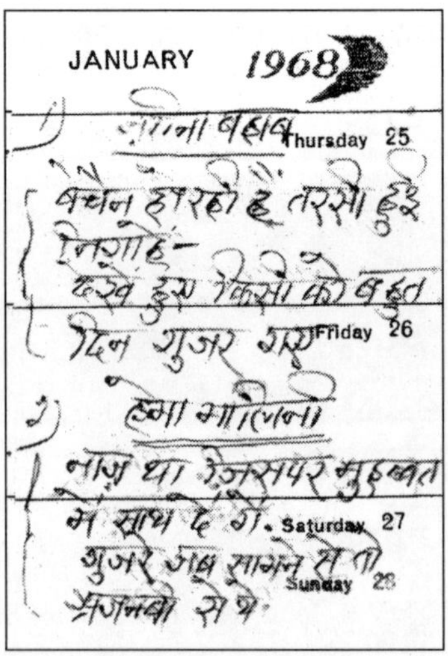
JANUARY 1968

1) सायरा बानो — Thursday 25

बेचैन हो रही हैं तरसी हुई निगाहें—

देखे हुए किसी को बहुत दिन गुजर गए — Friday 26

2) हेमा मालिनी

नाज़ था रेशम पर मुहब्बत में साथ देंगे। — Saturday 27

गुजरे जब सामने से तो अजनबी से थे। — Sunday 28

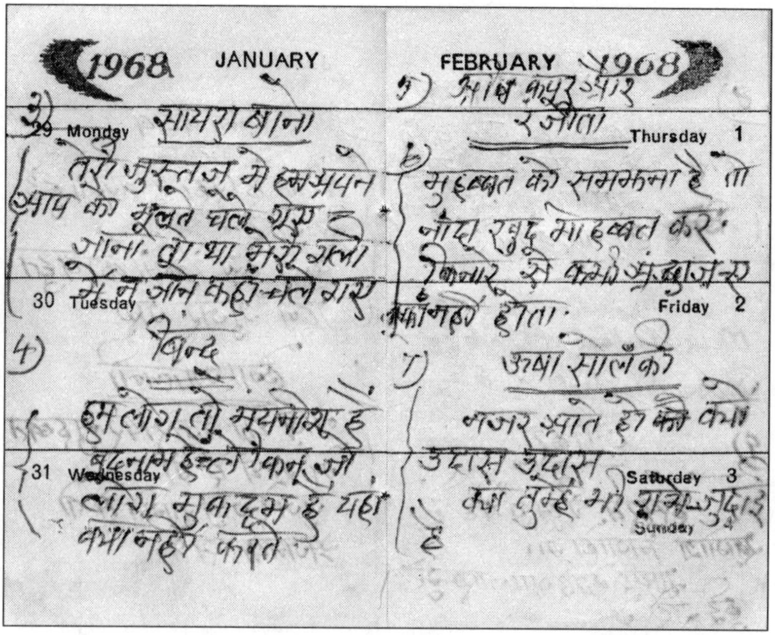
1968 JANUARY
FEBRUARY 1968
3) सायरा बानो
29 Monday
तेरी जुस्तजू मे हमसफर ने
आप को भूलते चले गये
जाना वो था मेरी गली
मै न जाने कहां चले गये
30 Tuesday
4) बिन्दु
हम लोग तो मयनोश है
बदनाम इल्जाम करते जो
लोग मुकद्दस है यहाँ
क्या नहीं करते
31 Wednesday
5) शशि कपूर और
रजीता
Thursday 1
मुहब्बत को समझना है तो
नासेह खुद मोहब्बत कर
किनारे से कभी अन्दाजा ए
तूफां नहीं होता
Friday 2
7) ऊषा सालंकी
नजर आते हो क्यों क्यों
उदास उदास
क्या तुम्हें भी गम-ए-जुदाई
है
Saturday 3
Sunday 4

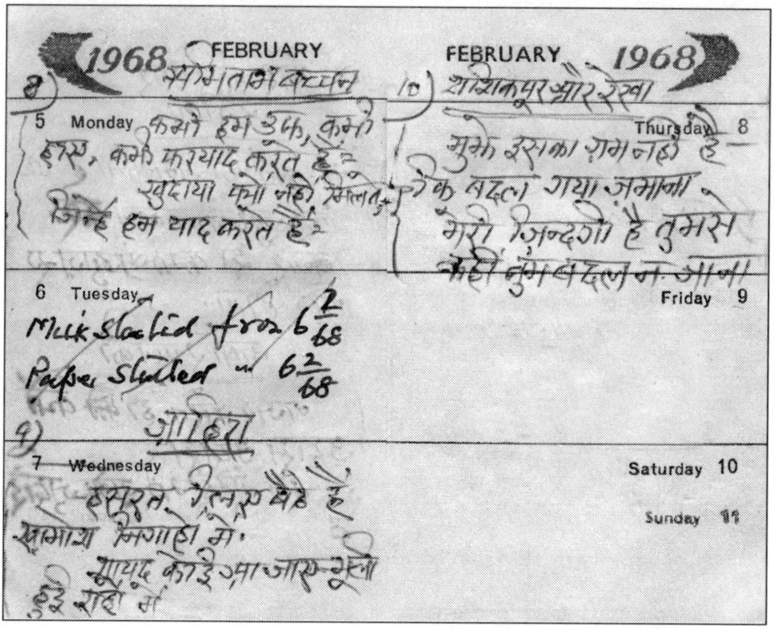
1968 FEBRUARY
FEBRUARY 1968
8) अमिताभ बच्चन
5 Monday
कभी हम इश्क, कभी
हुस्न, कभी फरयाद करते है
खुदाया क्यों नहीं मिलते
जिन्हे हम याद करते है
10) शशिकपूर और रेखा
Thursday 8
मुझे इसका गम नहीं है
के बदल गया जमाना
मेरी जिन्दगी है तुमसे
कहीं तुम बदल न जाना
6 Tuesday
Milk started from 6 2/68
Paper started " 6 2/68
Friday 9
9) ज़ाहिदा
7 Wednesday
हसरत लिए बैठे है
तमाशा निगाहों मे
शायद कोई आ जाये भूली
हुई राहों मे
Saturday 10
Sunday 11

बाबूजी के अन्तिम दिन

बाद के दिनों में, वे घर में हॉकी के गिरते स्तर से काफी दु:खी रहने लगे थे। इसी दु:ख ने उन्हें धीरे–धीरे खोखला कर दिया था। इसके अलावा भी दो अन्य कारण थे, जिससे वे काफी घबरा गये थे, जिनका बाबूजी के जीवन पर काफी प्रभाव पड़ा था। पहला कारण था, उनके छोटे भाई रूपसिंह का निधन। वे अपने छोटे भाई को अपनी जान से ज्यादा प्यार करते थे। उनके निधन के बाद वे टूट गये थे। उनके खेल का सहारा उनसे छिन गया था। उनके निधन के बाद वे स्वयं भी ज्यादा दिन नहीं जी सके।

दूसरा कारण घर की आर्थिक स्थिति थी। बैंक में सिर्फ 10 हजार रुपये मात्र बचे थे। अभी एक छोटी लड़की तथा तीन लड़कों की पढ़ाई–लिखाई एवं ब्याह करना बाकी था। उपर्युक्त तीनों कारणों ने सम्पूर्ण विश्व के अपराजेय व्यक्ति को पराजित कर दिया। चिन्ता और सोच के कारण बाबूजी बीमार पड़ गये।

बीमारी के बाद काफी दिन उनका इलाज मेडिकल कॉलेज, जर्मनी अस्पताल झाँसी में चला, परन्तु उनकी हालत बिगड़ती चली गई। बाद में उन्हें दिल्ली ले जाया गया, जहाँ वे इलाज के लिए आयुर्विज्ञान संस्थान में भर्ती रहे। वहाँ 23 नवम्बर से 30 नवम्बर तक बीमारी से लड़ते रहे। कभी ठीक

हो जाते, तो कभी हालत बिगड़ जाती थी। परन्तु फिर भी घर वाले आस लगाये बैठे थे कि बाबूजी ठीक हो जाएँगे, तो हम लोग उन्हें वापस लेकर झाँसी जाएँगे। पूरे घर के सदस्य झाँसी का घर बन्द करके दिल्ली में पड़े थे।

बीच में तो डॉक्टरों ने आश्वस्त् कर दिया था कि बाबूजी ठीक हो रहे हैं, परन्तु वे ठीक नहीं हो रहे थे, बल्कि मौत से आँख–मिचौली खेल रहे थे। मौत के साथ भी हॉकी खेलकर, मौत के हाथों से गेंद छीनकर गोलपोस्ट में डालने की भरपूर चेष्टा करते रहे। हिम्मत और साहस का साथ उन्होंने वहाँ भी नहीं छोड़ा था, परन्तु नियति के कालचक्र के आगे सभी को हारना पड़ता है। जीवन में कभी पराजित् नहीं होने वाला व्यक्ति भी मौत के आगे बेबस और लाचार होता चला जा रहा था।

26 नवम्बर के बाद बाबूजी अर्द्धबेहोशी की हालत में पहुँच गये थे। इस हालत में जब अपने घर वालों को अपने इर्द–गिर्द पाते, तो परेशान हो जाते थे, पश्चात्ताप से भर जाते थे। उनके पाँचवें पुत्र श्री गोविन्दसिंह के अनुसार बीमारी की अवस्था में भी बाबूजी चाहते थे कि उनकी वजह से घर के लोग परेशान न हों। अपने घरवालों को अपने आस–पास देखकर पश्चात्ताप–स्वरूप कहा करते थे 'मैंने तुम लोगों को परेशान कर दिया। मेरी वजह से आज तुम लोग दिल्ली में अपना घर छोड़कर पड़े हो।' उनके भीतर का करुणभाव उमड़ पड़ता था तथा वे भावविह्वल हो जाते थे। वे अपने कारण लेशमात्र भी किसी को कष्ट देना पसन्द नहीं करते थे।

दूसरे, भारत में हॉकी की वर्तमान स्थिति से भी वे अत्यन्त ही दुःखी थे। अर्द्धबेहोशी की हालत में भी हॉकी उनकी अन्तरात्मा तक गहरे पहुँची हुई थी। मौत से जूझते समय भी वे हॉकी की ही बात किया करते थे। उनके प्रमुख चिकित्सक डा. वी.एन. टण्डन के अनुसार– ''26 नवम्बर से दद्दा अर्द्धबेहोशी की हालत में पहुँच गये थे तथा बहकी–बहकी बातें किया करते थे।

महानिद्रा में लीन ध्यानचन्द

अन्य किसी भी बात का सही ज्ञान उनको नहीं था, लेकिन हॉकी के विषय में उनकी बातचीत एकदम स्पष्ट थी। उनके अंतिम शब्द, बेहोश होने के पहले हुई बातचीत के दौरान, उस समय निकले, जब डॉक्टर ने पूछा– "मेजर साहब ह्वाट इज दि फ्यूचर ऑफ इण्डियन हॉकी (मेजर ध्यानचन्द! भारतीय हॉकी का क्या भविष्य है)

नो! नो! इंडियन हॉकी इज फिनिश्ड (नहीं, नहीं भारतीय हॉकी समाप्त हो चली है) वे झुंझलाकर बोले थे।

ह्वाई इज इट सो एण्ड ह्वाई डू यू सो–

(ऐसा क्यों और आप ऐसा क्यों कहते हैं) – डॉक्टर ने पूछा।

उनकी मानसिक चेतना की गहराई का अन्दाजा लगाने के लिए डॉक्टर ने और कुरेदा था, तब उन्होंने कहा–

"आवर ब्यायज वांट टू ईट एण्ड ईट ओनली, दे डोंट वांट टू वर्क"

(हमारे खिलाड़ी केवल भोजन करना चाहते हैं–मेहनत करना नहीं चाहते है)।

उनकी पथराई नजरें शायद आजाद भारत के खिलाड़ियों में त्याग, कड़ी मेहनत, लगन एवं दृढ़ इच्छाशक्ति ढूँढ रही थीं। उनके जीवन का अन्तिम

सहारा खिलाड़ी ही बच गये थे। खेल के राजनीतिकरण से तो वे अत्यन्त ही क्षुब्ध थे, परन्तु खिलाड़ियों में अभी भी उन्हें आशा की किरण नजर आ रही थी। वो मान रहे थे कि खिलाड़ी ही हमारे आजाद देश में हॉकी को बुलन्दियों तक पहुँचा सकते हैं। आवश्यकता है, उनके आन्तरिक भावनाओं को जाग्रत करने की।

वे दुनियाँ के अद्वितीय इंसान थे, जो मौत से जूझते हुए भी हॉकी के सुधार की आस लगाये रहे। उनका जीना हॉकी के लिए और मरना भी हॉकी के लिए ही था।

उनके स्वास्थ्य–परीक्षण में लिवर कैंसर की घोषणा हो गई थी। मौत से जूझते–जूझते दो दिसम्बर सन् 79 की कालरात्रि आ गई, जिस रात्रि की सुबह में बाबूजी अपनी नश्वर काया, जिसमें गेदों की चोटों की अनगिनत निशानियाँ थीं, छोड़कर चुपके से दबे पाँव क्षितिज के उस पार, न लौटने के लिए, बड़े तड़के भ्रमण पर निकल गये और अपने पीछे छोड़ गये, बिलखते हुए पूरा परिवार।

बिलखते परिवारी व शुभचिन्तक जन सबसे दायें चौथे पुत्र अशोक कुमार
तथा उनके बगल में तीसरे पुत्र राजकुमार

ईश्वर के दरबार में भी शायद उनकी जरूरत आन पड़ी थी, क्योंकि वे बाबूजी के द्वारा इस पृथ्वी पर जितने कार्य कराने थे, सभी पूर्णरूप से करा चुके थे। शुद्ध पवित्र एवं निष्काम—कर्म करने वाली आत्मा की इस लोक के साथ—साथ उस लोक में भी आवश्यकता आन पड़ी थी।

शोक—संदेशों का ताँता लग गया था – बाबूजी की मृत्यु की खबर ने अधजगे, ऊँघते उबासी लेते दिल्ली महानगर को झकझोर कर रख दिया था।

लोगों का हुजूम संस्थान के सामने लगने लगा था – सबसे पहले शोकसंदेश राष्ट्रपति नीलम संजीव रेड्डी का आया।

वायुसेना के हेलीकॉफ्टर द्वारा पार्थिवशरीर को झाँसी भेजना निश्चित हुआ तथा घर के शोक—संतप्त कुछ लोग हैलीकॉफ्टर से तथा कुछ लोग तामिलनाडु एक्सप्रेस से झाँसी पहुँचे।

शाम सवा चार बजे बाबूजी का शव हेलीकॉफ्टर से झाँसी हवाई अड्डे पर पहुँचा। बाबूजी के पार्थिवशरीर को ट्रक में रखकर लोगों के जुलूस के साथ

घर के सामने हुतात्मा के पास उमड़ा जनसमूह, शव पर माल्यार्पण करते सैनिक अधिकारी

घर की तरफ चले और सवा पाँच बजे शाम को घर पहुँचे। प्रेमगंज स्थित वह निवास, जिसने बाबूजी की जिन्दगी के अनेक उतार–चढ़ाव देखे हैं, सेना में नौकरी के पश्चात् बाबूजी सार्जेण्ट बने, कमीशन मिला, जादूगर बने और मेजर पद की ऊँचाइयों को छूते हुए पद्मभूषण से विभूषित किये गये। वही मकान अपने कलेजे पर पत्थर रखकर अपने प्रिय के पार्थिव शरीर को, जो बाहर बगीचे में रखा गया था, एकटक निहार रहा था। अब ये चरणकमल इस घर में कहाँ पड़ने वाले थे, यह सोचकर मानों कलेजा निकला जा रहा था। मकान की एक–एक ईंट मानों आँसू बहा रही हो।

बाबूजी का पार्थिवशरीर बाहर बगीचे में खुली जगह में रख दिया गया था, ताकि सब लोग आसानी से दर्शन कर सकें। अपार जनसमूह उमड़ पड़ा था, अन्तिम दर्शन के लिए।

दिन में लगभग साढ़े ग्यारह बजे अन्तिम यात्रा शुरू हुई। सबसे पहले पुलिस की जीप, उसके पीछे सैनिक अधिकारियों की जीप, एक ट्रक में सैनिक, उसके बाद बायीं ओर 'खेल छात्रावास लखनऊ' की टीम और दायीं ओर 'हीरोज क्लब की टीम' दोनों अपनी हॉकी स्टिक ऊपर उठाये, एक–दूसरे से मिलाकर 'गार्ड ऑफ ऑनर' की मुद्रा में चल रहे थे और, उसके पीछे थी–पुलिस ट्रक, जिस पर बाबूजी के पार्थिव शरीर को रखा गया था। उसके पीछे उनके सारे पुत्र तथा 40 वर्षों के उनके अन्तरंग मित्र एवं उनसे पीछे था– हजारों अश्रुपूरित नेत्रों का जुलूस।

हनुमानमंदिर, आर्य कन्या कालेज का चौराहा, सब्जीमण्डी, सीपरीबाजार, तांगास्टैण्ड से टंडन रोड की ओर मुड़कर जुलूस ने वापसी किया था। सारे रास्ते पर हजारों लोग अश्रुपूरित नेत्रों से अन्तिम विदाई दे रहे थे। ऊपर छज्जों और अट्टालिकाओं से लोग पुष्पों की वर्षा कर रहे थे।

हॉकी के जादूगर की महायात्रा में शामिल झाँसी के लोग व अन्य

सभी लोगों का कलेजा छलनी हुआ जा रहा था। अब मेजर ध्यानचन्द के पार्थिवशरीर के दिव्यदर्शन कहाँ होने वाले थे, सीपरीबाजार, तांगास्टैण्ड से, टण्डन रोड की ओर मुड़ते हुए रेलपुल पर सामने ऊपर भारी भीड़ थी। पुल पर एक मालगाड़ी खड़ी थी। लोग अपनी जान की परवाह न करके मालगाड़ी के डिब्बों पर चढ़ गये थे। उतना ही पेड़ों, दीवारों पर भी चारों तरफ लोग ही लोग नजर आ रहे थे।

पंजाब रेजीमेंट उन दिनों झाँसी में थी, जिस रेजीमेंट में बाबूजी ने अपना अधिकांश समय बिताया था। इसी रेजीमेंट ने बाबूजी के लिए सर्वोच्च सैनिक सम्मान के साथ अन्तिम–संस्कार की पूर्ण तैयारी की थी। शोभायात्रा ज्यों ही वापस प्रेमगंज के तिराहे पर पहुँची, पार्थिवशरीर को ट्रक से उतारकर पंजाब रेजीमेंट के वरिष्ठतम उपस्थित अधिकारियों ने अपने कंधे पर ले लिया था। सर्वोच्च सेनाधिकारी ने बाबूजी के शव को तिरंगे में लपेट लिया था। बाबूजी के गले में एक माला दिल्ली से ही पड़ी थी, जिस पर ''राष्ट्रीयनिधि'' अंकित था। इसे भारत सरकार की ओर से अर्पित किया गया था।

सलामी गारद के 11 जवानों ने अपने हथियार उल्टे कर लिये थे तथा मातमी धुन पर पार्थिवशरीर के आगे–आगे चल रहे थे। सेना का बैण्ड, काले कपड़े से आवृत्त था। पार्थिवशरीर के साथ सैनिक अधिकारी एवं परिवारजन, उनके पीछे अन्य विशिष्ट जन हॉकी के जादूगर की अन्तिमयात्रा में चल रहे थे।

चिता पर बाबूजी के पार्थिवशरीर को लिटाने के बाद, उसके ऊपर दो हॉकी स्टिक क्रास के आकार के रखकर, उनके बीचों–बीच गेंद रख दी गई थी। उसके बाद माल्यार्पण का सिलसिला सर्वप्रथम कमिश्नर साहब, जिलाधीश, पुलिस अधिकारियों एवं अन्य विशिष्ट जनों के द्वारा प्रारम्भ किया गया था।

सलामी गारद ने हथियार उल्टे किये, मातमी धुन बजी और बन्दूक दागकर 'गार्ड ऑफ ऑनर' दिया गया। सलामी शस्त्र एवं अन्तिम धुन के बाद बाबूजी के बड़े सुपुत्र श्री मोहन सिंह ने मुखाग्नि दी। कुछ ही क्षणों में चिता जल उठी।

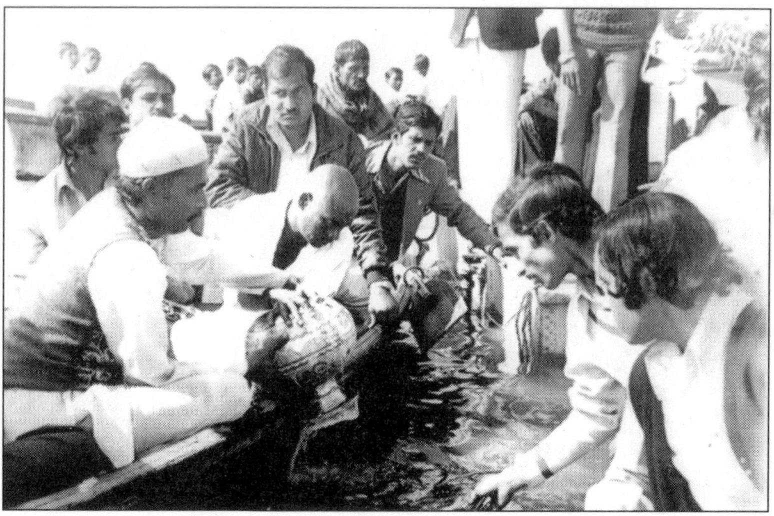

प्रयाग में बाबूजी का अस्थिविसर्जन करते बड़े पुत्र

ध्यानचन्द अमर रहें! हॉकी जिन्दाबाद!! के नारे से 'हीरोज ग्राउण्ड' गूँज उठा। सबकी आँखें नम हो गईं। सभी अपने शहर के प्रिय खिलाड़ी को अन्तिम विदाई दे रहे थे। पूरा वातावरण रुदन–विलाप से भर गया था। मानों धरती फट जाएगी, आसमान गिर पड़ेगा।

बाबूजी ब्रह्म पंचतत्त्व में विलीन हो गये और छोड़ गये अपने पीछे रोते–बिलखते, आधे–अधूरे परिवारजनों को, जो आज भी उनके द्वारा छोड़े गये हॉकी की विरासत को सँजोने में लगे हैं। आज हम भारतीयों के समक्ष प्रश्नचिन्ह है, क्या अब कोई भारत में बाबूजी के समान विलक्षण व्यक्तित्व एवं कृतित्व वाला व्यक्ति पैदा होगा?

अनेक सम्मान

भारत सरकार ने सन् 1956 में बाबूजी को पद्‌मभूषण से सम्मानित किया एवं सन् 1980 में मरणोपरान्त उनके नाम से डाक टिकट जारी किया गया। 8 मार्च सन् 2002 को राष्ट्रीय स्टेडियम दिल्ली का पुनः नामकरण बाबूजी के नाम पर तत्कालीन खेलमंत्री माननीया सुश्री उमाभारती एवं माननीय लालकृष्ण अडवानी जी के प्रयास के फलस्वरूप हुआ, जिसके द्वारा उनके व्यक्तित्व एवं कृतित्त्व पर प्रकाश डालने का प्रयत्न किया गया।

8 मार्च 2002 को राष्ट्रीय स्टेडियम नई दिल्ली का नाम 'ध्यानचन्द स्टेडियम' करते समय मंत्री उमाभारती तथा उनके दायें इस पुस्तक की लेखिका श्रीमती मीना उमेश ध्यानचन्द एवं के परिवार के लोग

उसके बाद झाँसी के पूर्व सांसद पंडित विश्वनाथ शर्मा ने 24 अगस्त 1994 को लोकसभा में सरकार से बाबूजी के जन्मदिवस 29 अगस्त को खेलदिवस घोषित करने की माँग की। इस पर तत्कालीन खेलमंत्री श्री मुकुल वासनिक ने इस प्रस्ताव की सराहना करते हुए, इस सम्बन्ध में औपचारिकाताएँ पूरी होते ही 29 अगस्त को राष्ट्रीय खेलदिवस घोषित करने का आश्वासन दिया। बाद में, दिसम्बर 1994 में तत्कालीन प्रधानमंत्री पी.वी. नरसिंह राव की सरकार ने 29 अगस्त को विधिवत् राष्ट्रीय खेलदिवस घोषित कर दिया।

बाबूजी की मूर्ति का नेशनल स्टेडियम दिल्ली में स्थापना और बाबूजी के जन्म दिन 29 अगस्त को राष्ट्रीय खेल दिवस घोषित होने से संबंधित घटना याद करते हुए मेरे ज्येष्ठ श्री अशोक कुमार ने बताया था– "इस संबंध में एक मीटिंग पूर्व सांसद श्री विश्वनाथ शर्मा के निवास स्थान मीनाबाद–7,

प्रधानमंत्री नरसिंह राव ने दिल्ली के नेशनल स्टेडियम में ध्यानचन्द की प्रतिमा का अनावरण किया। चित्र में उनके दायें मूर्तिकार विमान बिहारी दास तथा उनके बगल में श्रीमती जानकी ध्यानचन्द

झाँसी में बुलाई गई थी, जिसमें नेहरू कमेटी के अध्यक्ष श्री शिवकुमार वर्मा, ओलम्पियन जफर इकबाल, हरमिन्दर सिंह आदि उपस्थित थे। उल्लेखनीय है कि श्री शिवकुमार वर्मा के पिताजी बाबूजी के साथ हॉकी खेल चुके हैं। श्री शिवकुमार वर्मा ने मीटिंग में प्रस्ताव रखा कि नेशनल स्टेडियम दिल्ली में बाबूजी की मूर्ति की स्थापना होनी चाहिए। उनके इस प्रस्ताव को सभी ने सहर्ष स्वीकार किया, साथ ही उस मीटिंग में यह भी निर्णय लिया गया कि बाबूजी के हॉकी खेल में अविस्मरणीय योगदान के लिए उनके जन्मदिन 29 अगस्त को राष्ट्रीय खेल दिवस घोषित कराया जाना चाहिए ताकि हॉकी के साथ अन्य खेलों का भी भारत में विकास हो सके और उनका भविष्य सुधर सके।

उक्त मीटिंग की कार्यवाही चल ही रही थी कि अचानक वहाँ जमीन के भीतर से बहुत तेज गड़गड़ाहट की आवाज आई तथा ऐसा लगा मानो कोई रेलगाड़ी बहुत शोर मचाते हुए बगल से निकल गई हो। उक्त घटना से सभी को ऐसा महसूस हुआ जैसे प्रकृति और धरती दोनों ही इस प्रस्ताव को अपनी सहमति दे रहे हों। मीटिंग के समाप्त होने के बाद पं. विश्वनाथ शर्मा के अथक प्रयास से 29 अगस्त को 'राष्ट्रीय खेल दिवस' के रूप में घोषित किया गया।

इसी दिन खेल संबंधी अन्य पुरस्कार जैसे– राजीव गांधी खेलरत्न पुरस्कार, अर्जुन और द्रौणाचार्य पुरस्कार राष्ट्रपति द्वारा दिये जाते हैं। ध्यानचन्द की स्मृति में इसी दिन भारत सरकार ने 'ध्यानचन्द पुरस्कार' देने की शुरुआत की है। यह पुरस्कार उन लोगों को दिया जाता है, जो खेल–जीवन की समाप्ति के बाद भी खेल के क्षेत्र में अपना विशेष योगदान देते हैं।

भारत के महामहिम राष्ट्रपति शंकरदयाल शर्मा ने इसके अगले वर्ष 29 अगस्त को राष्ट्रपतिभवन में समारोह आयोजित कर खिलाड़ियों को उच्चतम खेल–पुरस्कारों से सम्मानित किया तथा माननीय प्रधानमंत्री पी.वी.

6 अक्टूबर 1956 को राष्ट्रपति राजेन्द्र प्रसाद द्वारा प्रदत्त पद्मभूषण सम्मान

नरसिंह राव ने नेशनल स्टेडियम में बाबूजी की 8 फुट ऊँची अष्टधातु की प्रतिमा का अनावरण किया। इस अवसर पर अम्माजी (श्रीमती जानकी ध्यानचन्द) को भी सम्मानित किया गया। इसी दिन भारतीय खिलाड़ियों के लिए पेंशन एवं भारतीय रेल में खिलाड़ियों हेतु फ्री–पास की सुविधा की घोषणा की गई।

बाबूजी विश्व हॉकी के इतिहास में अमर हो गये हैं। ऐसे महापुरुषों का जन्म सालों, दशकों या सदियों में नहीं, बल्कि सहस्राब्दियों में हुआ करता है। उनका जीवन हॉकी प्रेम के अलावा राष्ट्रप्रेम से भी भरा था। भारत को स्वतंत्र कराने का सपना उनकी आँखों में रचा बसा था। वे भारत को स्वतंत्र देखना चाहते थे। इसकी झलक उनकी व्यक्तिगत डायरी से मिलती है, जिसमें उन्होंने लिखा है– ''ओलम्पिक खेलों में भाग लेने के लिए जब हमारी टीम को अंग्रेजी झण्डे ''जैक'' के नीचे खड़ा होकर भाग लेना पड़ता था, तो दुःख और अवसाद के उन क्षणों में आँखों में बेबसी के आँसू आ जाते थे तथा मन यह सोचने को बाध्य हो जाता था कि काश! हमारा देश स्वतंत्र होता और हम तिरंगे के नीचे खड़े होकर खेल में सम्मिलित होकर जीतने का जश्न मनाते, जिससे हमारे स्वतंत्र भारत का सिर गौरव एवं आत्म–सम्मान के कारण पूरे विश्व में उठता,''–

ऐसे ही लोगों के लिए कहा गया है–

''सहस्राब्दियों में उगने वाले सूरज! तुम यूँ ही चमकते रहना''

6 अक्टूबर **1956** को डॉ. राजेन्द्र प्रसाद द्वारा प्रदत्त पद्मभूषण मैडल

देश के प्रथम अर्जुन पुरस्कार विजेता कैप्टन बजरंगी प्रसाद ने कहा था, ''सुप्रसिद्ध हॉकी खिलाड़ी मेजर ध्यानचन्द को हॉकी का जादूगर कहने के बजाय हॉकी का वैज्ञानिक कहना ज्यादा उपयुक्त होगा, क्योंकि उनकी शैली स्वयं के द्वारा आविष्कृत थी और उसका आधार शुद्ध वैज्ञानिक था। एक कार्यक्रम में बाबूजी से जुड़े अपने संस्मरण सुनाते हुए उन्होंने कहा था कि 1965 में राष्ट्रीय खेल प्रशिक्षण संस्थान पटियाला में एक खेल–प्रशिक्षणशिविर में उनके साथ मुझे करीब तीन माह रहने का अवसर मिला था। मैं गोताखोरी का प्रशिक्षण देने वहाँ गया था, जबकि ध्यानचन्द हॉकी का प्रशिक्षण दे रहे थे।

एक खेल पत्रकार ने लिखा–''दद्दा ध्यानचन्द का नाम जेहन में आते ही आँखो के सामने आ जाती है, 1932 एवं 1936 के ओलम्पिक खेलों की वह तस्वीर, जिसमें हॉकी के इस जादूगर की स्टिक में गेंद चिपकने के बाद किसी को दिखती नहीं थी, और दिखती भी थी, तो गोलपोस्ट के जालों में उलझी हुई। (दैनिक जागरण समाचारपत्र, 29 अगस्त 2002, दीपक चन्देल)।

मेजर ध्यानचन्द की स्मृति में भारतीय डाक एवं तार विभाग द्वारा 5 दिसम्बर 1980 को उनकी उपलब्धियों एवं राष्ट्रप्रेम को दर्शाते हुए 35 पै. का एक डाक टिकट जारी किया।

पत्रकार अरुण युगम द्वारा समाचार पत्र में ध्यानचन्द की सौवीं वर्षगांठ पर लिखा गया एक लेख

झाँसी शहर के वरिष्ठ नागरिक एवं समाजसेवी स्व. डॉ. सुरेशचन्द्र शास्त्रीजी ने बाबूजी के साथ अपना बहुत समय व्यतीत किया था। एक बार मैं बाबूजी के सम्बन्ध में उनके विचार जानने के लिए उनके निवासस्थान पर अपने पति श्री उमेश ध्यानचन्द के साथ गई। शास्त्रीजी ने बाबूजी के जीवन की कई अंतरंग बातें बताईं। उन्होंने कहा– 'दद्दा नित्यप्रति शाम टहलते–टहलते मेरे क्लीनिक पर आते थे तथा करीब आधा घंटा अवश्य ही बैठते थे।

एक दिन मैने उनसे कहा "विधाता की सृष्टि में आपको हराने वाला कोई पैदा नहीं हुआ। आप सृष्टि के अद्वितीय व्यक्ति हैं, आप अजेय हैं। हम सौभाग्यशाली हैं कि हमें आपके साथ समय बिताने का अवसर मिल रहा है।"

मेरी प्रशंसा के उत्तर में दद्दा ने कहा– "शास्त्रीजी! आप महान् हैं, जो मेरी प्रशंसा कर रहे हैं, लेकिन इसमें मेरे अकेले का कोई योगदान नहीं है। मैं कुछ भी नहीं हूँ। "ऑल क्रेडिट गोज टू माई टीम" (सारा श्रेय मेरी टीम को जाता है)। मेरी टीम ने ही मुझे विश्वविजेता बनाया है।"

अपने कर्म, प्रशंसा एवं श्रेय दूसरों की झोली में डालने वाला दद्दा जैसा विनम्र एवं दिव्यपुरुष अब पुन: इस धरती पर कहाँ पैदा होने वाला है? न भूतो: न भविष्यति! धन्य है, बुंदेलखण्ड की माटी, जो दद्दा की कर्मस्थली बनी।"

○○

अशोक कुमार एवं हॉकी

कहते हैं, कभी ईश्वर विरासत में एक ही परिवार के सारे बच्चों में से किसी एक बच्चे में पैतृक गुण भर देता है।

हॉकी के जादूगर मेजर ध्यानचन्द के परिवार में ऐसे ही गुणों के धनी हैं, उनके चौथे नम्बर के सुपुत्र अशोककुमार सिंह। इनका जन्म 1 जून 1949 को हुआ था। होनहार पूत के पाँव पालने में ही दिखाई देने लग जाते हैं। घर में

अशोककुमार **53**वें जन्मदिवस **1** जून को एक बड़ी–सी हॉकी एवं अपने पदकों के साथ

1975 वर्ल्डकप हॉकी क्वालालांपुर में पाकिस्तान के विरुद्ध जीत दर्ज कराने के बाद लौटे दिल्ली एयरपोर्ट पर अशोक कुमार सबसे बायें तथा श्रीमती जानकी ध्यानचन्द सबसे दायें

सबसे अलग–अलग विशिष्ट रूप से सम्पूर्ण निष्ठा के साथ हॉकी खेलना, यह इंगित करा चुका था कि यह नन्हा–सा पौधा एक दिन विशाल वटवृक्ष का रूप धारण करेगा।

पिताजी (ध्यानचन्द) अक्सर बाहर ही रहा करते थे, परन्तु माँ के सच्चे संस्कार एवं सीख ने खेल के क्षेत्र में आगे बढ़ने हेतु उन्हें सदैव प्रेरित किया। बचपन से ही इन्होंने मन में निश्चय कर लिया था कि पिताजी का नाम आगे बढ़ाना है। अत: कड़ी मेहनत एवं लगन से हॉकी खेलना प्रारम्भ कर दिया।

खेल में कई पड़ाव पार करके हॉकी के क्षेत्र में सन् 1975 के विश्वकप फाइनल में पाकिस्तान के खिलाफ उनके बेहतरीन गोल ने भारत को विश्वविजेता बनाया। इसके अलावा इन्होंने भारत की ओर से दो ओलम्पिक, चार विश्वकप, दो एशियन गेम्स, विश्व एकादश और ऑल एशियन स्टार टीमों का प्रतिनिधित्व किया।

हॉकी की उपलब्धियों को देखते हुए सन् 1974 में भारत सरकार द्वारा उन्हें अर्जुन अवॉर्ड से सम्मानित किया गया तथा 'नेशनल स्पोर्टस् टाइम्स खेल अॅवार्ड' के द्वारा सन् 2006 में इन्हें सम्मानित किया गया। इन्हें यू. पी. का 'लक्ष्मण–पुरस्कार' सन् 1975 में प्रदान किया गया। अशोक कुमार सिंह सन् 1997 से लेकर सन् 1998 तक भारतीय हॉकी टीम के चयनकर्ता रहे हैं तथा सन् 1995 में महिला हॉकी टीम के चीफ कोच भी रहे हैं।

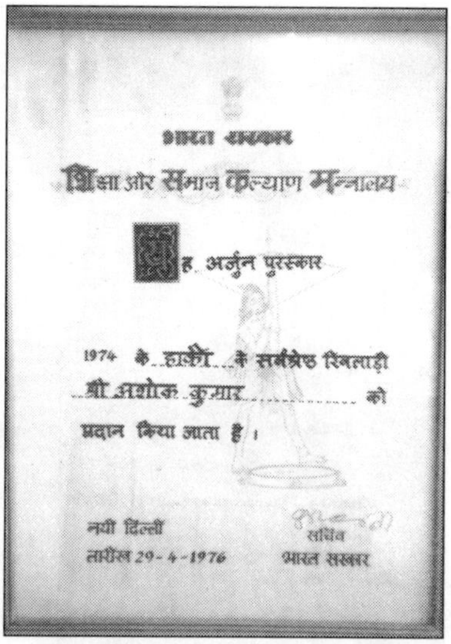

भारत सरकार

शिक्षा और समाज कल्याण मन्त्रालय

यह अर्जुन पुरस्कार

1974 के हाकी के सर्वश्रेष्ठ खिलाड़ी श्री अशोक कुमार को प्रदान किया जाता है।

नयी दिल्ली
तारीख 29-4-1976

सचिव
भारत सरकार

अशोक कुमार को प्राप्त अर्जुन पुरस्कार प्रशस्ति पत्र

सन् 1970 से लेकर सन् 2002 तक करीब 32 वर्षों तक इण्डियन एयरलाइंस में खिलाड़ी एवं कोच के रूप में इन्होंने अपना अमूल्य योगदान दिया है। आजकल ये एम.पी. स्टेट हॉकी ऐकेडमी के चीफ कोच एवं एडवाइजर के रूप में कार्यरत् हैं।

अशोक कुमार

अशोक कुमार की पत्नी
स्व. श्रीमती कमल अशोक ध्यानचन्द

1974 में अशोक कुमार को प्राप्त अर्जुन पुरस्कार मैडल

खेल के क्षेत्र में एक दमदार खिलाड़ी के रूप में इनकी धाक रही है।

एक बार अशोक कुमार ने विदेश में बसने का इरादा किया। जब यह बात पिता ध्यानचन्द को मालूम हुई, तो उन्हें बहुत दुःख हुआ। देशप्रेम का गौरव और उसके प्रति न्योछावर होने की भावना उमड़ पड़ी। उन्होंने अपने बेटे अशोक कुमार को समझाते हुए कहा– "तुम मेरे जीते जी दूसरे देश में नहीं जा सकते। मेरे लिए पहले देश है फिर पैसा। तुम जिस देश की मिट्टी में पलकर बड़े हुए हो, तुम उसकी सम्पत्ति हो। कभी भूलकर भी जीवन में विदेश में बसने का विचार न लाना।

मेरे जीवन में भी कई ऐसे अवसर आए, लेकिन मैंने उसे दूसरे देश की स्वार्थपरता समझी और उसे ठुकरा दिया। हम भारत की मिट्टी में जन्मे हैं, जो कुछ भी हम बन सके हैं, उस पर भारत का अधिकार है।"

बाबूजी की देशप्रेम की बातों ने अशोक कुमार को आत्मग्लानि से घेर लिया और उन्होंने कभी भी वतन न छोड़ने का फैसला किया।

OO

विभिन्न स्थानों पर स्थापित ध्यानचन्द की प्रतिमाएँ

नई दिल्ली इंडिया गेट के पास स्थित ध्यानचन्द नेशनल स्टेडियम में स्थित ध्यानचन्द की मूर्ति

झाँसी के पहाड़ पर स्थित बाबूजी की प्रतिमा जो झाँसी के विधायक प्रदीप जैन व झाँसी के ही अन्य सम्भ्रांत लोगों के सहयोग से लगाई गयी। जिसे पूरे झाँसी से देखा जा सकता है।

←
रेलवे इंस्टीट्यूट झाँसी में स्थित बाबूजी की प्रतिमा

→
मेजर ध्यानचन्द स्टेडियम झाँसी स्थित बाबूजी की प्रतिमा

मेजर ध्यानचन्द के गोल के कुछ रिकार्ड्स

1. 1927 में लंदन में फोकलैंड महोत्सव (फोक्सटन फैस्टीवल) में भारत में 10 मैच खेले गये। इसमें भारत ने कुल 72 गोल किये, इसमें ध्यानचन्द के अकेले 36 गोल थे।

2. 1928 के अमर्स्टडम ओलम्पिक में फाइनल मैच में भारत को हॉलैण्ड को 3–0 से हराया। इनमें दो गोल ध्यानचन्द ने किये।

3. 1932 के लॉस एंजिल्स ओलम्पिक में यूनाइटेड स्टेट अमेरिका के खिलाफ भारत ने मैच खेला और उसे 24–1 से पराजित किया। इसमें ध्यानचन्द के 8 गोल थे। यह फाइनल मैच था और गोल का यह एक रिकार्ड भी है।

   1932 में ही अलग–अलग विभिन्न मैचों में भारत ने कुल 338 गोल किये, जिनमें ध्यानचन्द ने 133 और रूपसिंह ने 94 गोल किये। इस ओलम्पिक टूर के अन्त में भारत ने अन्य 37 प्रदर्शन मैच खेले, उनमें से 34 मैच जीते, 2 मैच ड्रा रहे और एक मैच वर्षा से बाधित रहा जिसे गिना नहीं गया।

4. 1935 में आस्ट्रेलिया और न्यूजीलैंड के दौरे में 43 मैच खेले गये। भारत ने सारे मैच जीते और 584 गोल किये, जिसमें से 201 गोल ध्यानचन्द

ने किये। डान ब्रेडमैन जो तत्कालीन क्रिकेट खेल के सरताज कहे जाते थे, वे हैरान रह गये कि यह हॉकी का खेल है या क्रिकेट का, जो इतने गोल हुए। इन्हीं मैचों के दौरान बैंकर्क में खेले गये मैच में 20 में से 10 गोल ध्यानचन्द ने किये। भारत ने 21 मैच खेले, 18 जीते, और दो मैच ड्रा हुए। भारत केवल 1 मैच हारा। भारत की ओर से कुल 192 गोल हुए, जिनमें 100 गोल अकेले ध्यानचन्द ने किये।

5. 1936 के बर्लिन ओलम्पिक के सेमीफाइनल मैच में फ्रांस के विरुद्ध खेलते हुए भारत 10 गोल से जीता, जिसमें 4 गोल ध्यानचन्द ने, दो गोल रूपसिंह ने तथा दारा ने 2 गोल किये।

   जर्मनी के साथ फाइनल मैच में भारत ने जर्मनी को 8–1 से परास्त किया, जिसमें ध्यानचन्द ने 3, रूपसिंह ने 1 और दारा ने 2 गोल किये। प्री–ओलम्पिक और ओलम्पिक मैचों में कुल मिलाकर भारत ने 213 गोल किये, जिनमें से 70 गोल अकेले ध्यानचन्द ने किये थे।

6. 42 वर्ष की अवस्था में 1947 में एक युवा टीम के साथ ध्यानचन्द पूर्वी अफ्रीका के दौरे पर गये और वहाँ खेले गये 22 मैचों में 61 गोल किये, जो उनके जीवन का सर्वाधिक गोल था। इस प्रकार ध्यानचन्द ने 1926 से 1948 तक हॉकी खेलते हुए कुल 1000 गोल किये, जो अबतक का एक रिकार्ड है।

OO

मेजर ध्यानचन्द द्वारा एक समाचार-पत्र को लिखा गया पत्र

दैनिक जागरण गोरखपुर, १६ अक्टूबर १९८२ (८)

अगले साल देखा जायेगा अगर रहा ?

(युवराज सिंह द्वारा)

गोरखपुर, १५ अक्टूबर। महान पुरुष इस धरती से अलविदा होने के बाद भी कुछ ऐसी चीजें या यूँ कहिए कि कुछ ऐसी यादें छोड़ जाते हैं, जिन्हें समाज दृष्टि से ओझल नहीं कर सकता। विश्व प्रसिद्ध हाकी जादूगर मेजर ध्यान चंद के साथ भी एक ऐसी कड़ी जुड़ी है।

बात आज से तीन वर्ष पूर्व की है जब मेजर ध्यान चंद को बस्ती में प्रति वर्ष आयोजित की जाने वाली अखिल भारतीय बाबू हंस राज स्मारक फुटबाल प्रतियोगिता के उद्घाटन के लिये आयोजक सचिव डा० रमेश चन्द श्रीवास्तव ने आमंत्रित किया था और अस्वस्थ होने के कारण वे नहीं आ सके थे।

मेजर ध्यान चंद ने दिनांक ३ अक्टूबर १९७९को डा० श्रीवास्तव के नाम प्रेषित अपने एक पत्र में बस्ती न आने का कारण लिखा था और इसके ठीक दो महीने बाद ३ दिसम्बर १९७९ को दुनिया से कूच कर गये।

उनकी यह 'पंक्ति' "अगले साल देखा जायेगा अगर रहा" जब-जब उक्त प्रतियोगिता होगी सदा उनकी याद दिलाती रहेगी।

डा० श्रीवास्तव से जब मैंने यह पत्र मांगा तो उन्होंने आत्मविभोर होते हुये कहा कि एक महान खिलाड़ी की याददाश्त मेरे पास बची है जिसे मैं पिछले वर्षों से सम्भाले रखे हूं। आखिर विशेष आग्रह पर मैं पत्र पाने में तो सफल रहा लेकिन महान हस्ती अपने पूर्वी उत्तर प्रदेश की जन्म स्थली पर पुनः वापस नहीं आ सकी।

२९ अगस्त १९०५ का वह हाकी जगत के लिये स्वर्णिम दिवस था जब मेजर ध्यान चंद का जन्म प्रयाग (इलाहाबाद) में हुआ था और ३ दिसम्बर १९७९ को यह महान खिलाड़ी कई लोगों के दिल में समाने के बाद सभी को ठेस पहुंचा कर चल दिया।

'दद्दा' के नाम से प्रसिद्ध मेजर ध्यान चंद के निधन के पूर्व इनके परिवार को एक और झटके का सामना करना पड़ा था जबकि ११ नवम्बर १९७९ को राजनीति के शिकार होकर अशोक कुमार ने हाकी से संन्यास की घोषणा की थी।

बहरहाल बस्ती में जब भी अखिल भारतीय बाबू हंसराज लाल स्मारक स्वर्ण ट्राफी फुटबाल प्रतियोगिता आयोजित होती रहेगी मेजर ध्यान चंद की याद उसके साथ होगी।

डाक्टर सा० मैं बड़ा मजबूर हूँ कि मैं उस शुभ अवसर पर नहीं पहुँच रहा हूँ — वजह यह है कि मैं कुछ दिनों से बीमार पड़ा हूँ मुझे हड्डियों में बुखार रहता है और कुछ मुझे शुगर (Diabetes) की भी शिकायत है इस वजह से मैं फिलहाल में कहीं भी घर छोड़ कर नहीं जा सकता हूँ। ऐसा मुझे मेरे डा० ने भी कहा है जो कि मेरा इलाज कर रहे हैं। बुखार की वजह से मुझे कुछ अच्छा नहीं लगता सिर्फ पड़े हैं दिन रात पड़ा रहता हूँ — क्या करें मजबूरी है। भाई जो उमर का भी तकाजा है — तमाम बदन में और जोड़ों में भी थोड़ा थोड़ा दर्द रहता है। इस लिए मैं आप से क्षमा मांगता हूँ उम्मीद है मुझे आप क्षमा कर देंगे।

आप बलबीर सिंह को भी मेरे [illegible] भेजने का कष्ट करें

शुक्रिया   अगले साल देखा जायेगा अगर रहा

आपका ही
ध्यानचन्द
[signature]
3.10.79

Org. Secy
Dr. R.C. Srivastava
M.B.B.S.,
Gandhi Nagar,
BASTI (U.P.)

मेजर ध्यानचन्द का व्यक्तिगत विवरण

296 प्रेम नगर सीपरी
बजार झांसी 6-5-77

खेल कूद जीवन का संक्षिप्त विवरण
(ध्यानचन्द)

महोदय,

आप के पत्र क्र. 3535 दि. 26-4-77 के अनुसार निम्न लिखित विवरण सूचनार्थ प्रेषित है—

1. जन्म तिथी – 29-8-1905 (इलाहाबाद)
2. शैक्षिक योग्यता – मैट्रिक तक
4. भारतीय सैनिक संस्था में 1922 से 1956 तक सिपाही से ले कर मेजर तक
5. निवास स्थान झांसी (उ. प्र.) निम्न प्रकार से
3. 1926 से ले कर 1970 आर्मी और इन्टरनेशनल हाकी में भाग लेता रहा

सन 1926 में भारत आर्मी की तरफ से निउजीलैन्ड व आस्ट्रेलिया खेलने गया।

सन 1928 में प्रथम नेशनल हाकी चैम्पियन उत्तर प्रदेश से खेला जो कलकत्ता में हुआ था उत्तर प्रदेश विजई रहा।

" 1928 में ऐमसटरडम प्रथम ओलम्पिक ~~बर्लिन में~~ खेला।

" 1932 में दूसरा ओलम्पिक लास-एन्जलीस में खेला।

" 1934 में वेस्टर्न एशियाटिक हाकी टूर्नामेन्ट खेला जो दिल्ली में हुआ था और दल का कप्तान रहा।

" 1935 में भारत की हाकी टीम जो कि (आई. एच. एफ) ने बनाई थी निउजीलैन्ड व आस्ट्रेलिया भ्रमण पर गई (आई. एच. एफ.) ने मुझे टीम का कप्तान बना कर भेजा।

" 1936 तीसरा ओलम्पिक बर्लिन में खेला और भारत ने मुझे कप्तान बना कर भेजा ~~।~~

" 1945 भारत की आर्मी हाकी टीम भ्रमण के लिए भेजी गई लड़ाई के बाद जिसका नाम आर्मी इन्टरटेनमेन्ट हाकी टीम इस दल का कप्तान रहा।

" 1947-48 में (आई. एच. एफ.) ने भारतीय हाकी दल ईस्ट अफरीका भ्रमण के लिए भेजा इसमें भी कप्तान बना कर भेजा।

सन 1950. भारत आर्मी आफिसर्स की हाकी का दल श्रीलंका भ्रमण के लिए भेजा गया. इस दल का कप्तान मुझे बनाया गया.

1952. में भारत की एजूकेशन मिनिस्ट्री भारत का हाकी दल एक हाकी दल जिसका नाम ध्यानचन्द हाकी IX रक्खा शिक्षा मंत्रालय ने अफगान दिवस पर काबुल भेजा - जिस दल के साथ में मुझको भी कोच बना कर भेजा.

" 1956 में आर्मी से रिटायर होने के बाद भारत सरकार ने मुझको राजकुमारी अमरित कौर कोचिंग स्कीम में हाकी का कोच नियुक्त किया - यहां पर मैं 6 वर्ष तक कोचिंग स्कीम में काम करता रहा. बाद में मुझे 1962 में नैशनल इन्सीटूट आफ स्पोर्ट पटियाला में मुख्य हाकी कोच नियुक्त किया गया - यहां पर मैं 1969 तक काम करता रहा - इसी साल ~~सितम्बर~~ अगस्त में रिटायर हो गया और सितम्बर में मैं दो साल के लिए उड़ीसा के हाकी संघ का हाकी कोच हुआ यानी काम करता रहा 1971 में आंखों की बीमारी के कारण त्याग पत्र देना पड़ा

" 1959. में म्यूनिक में इन्टरनैशनल हाकी टूर्नामेन्ट में भारत दल का हाकी कोच बना कर (आई. एच. एफ.) मुझे भेजा

" 1963. में (आई. एच. एफ) भारतीय हाकी दल इन्टरनैशनल की टूर्नामेन्ट जो Lyons (फ्रांस) में हुआ जिसमें मुझे दल का हाकी कोच भेजा.

1971. इस वर्ष भारतीय विमान सेवा ने अपना हाकी दल श्रीलंका भेजा था - इस दल का हाकी कोच मुझको ले गए.

अपनी पासपोर्ट साइज फोटो भी भेज रहा हूँ

ध्यानचन्द

OC